L'AUTEUR REMPLI
DE
SON SUJET.

HISTOIRE

DE

DOM B*****,

PORTIER DES CHARTREUX,

Écrite par lui-même.

A FRANCFORT,

Chez J. J. TROTENER, Imprimeur-
Libraire, aux Cigognes.

M. DCC. XLVIII.

HISTOIRE

DE

DOM B*****,

PORTIER DES CHARTREUX.

PREMIERE PARTIE

Que c'eſt une douce ſatisfaction pour un cœur d'être déſabuſé des vains plaiſirs, des amuſemens frivoles & des voluptés dangereuſes qui l'attachoient au monde! Rendu à lui-même après une longue ſuite d'égaremens, & dans le calme que lui procure l'heureuſe privation de ce qui faiſoit autrefois l'objet de ſes deſirs, il ſent encore ces frémiſſemens d'horreur qui laiſſent dans l'imagination le ſouvenir des périls auxquels il eſt échappé ; mais il ne les ſent que pour ſe féliciter de la ſûreté où il ſe trouve : ces mouvemens lui deviennent des ſentimens chers, parce qu'ils ſervent à lui faire mieux goûter les charmes de la tranquillité dont il jouit.

Telle eſt, cher Lecteur, la ſituation du mien. Quelles graces n'ai-je pas à rendre au Tout-puiſſant dont la miſéricorde m'a retiré de l'abyſme du libertinage où j'étois plongé, & me donne aujourd'hui la force d'écrire mes égaremens pour l'édification de mes Freres.

Je ſuis le fruit de l'incontinence des Révérends Peres Céleſtins de la Ville de R... Je dis des Révérends Peres, parce que tous ſe vantoient d'avoir fourni à la compoſition de mon individu. Mais quel ſujet m'arrête tout-à-coup! Mon cœur eſt agité : eſt-ce par la crainte qu'on ne me reproche que je révele ici les myſteres de l'Egliſe? Ah! ſurmontons ce foible remord. Ne ſait-on pas que *Tout homme eſt homme, & les Moines ſur-tout.* Ils ont donc la faculté de travailler à la propagation de l'eſpece. Eh! pourquoi la leur interdiroit-on? Ils s'en acquittent ſi bien.

Peut-être, Lecteur, attendez-vous avec impatience que je vous faſſe un récit détaillé de ma naiſſance. Je ſuis fâché de ne pouvoir pas ſi-tôt vous ſatisfaire ſur cet article, & vous allez me voir de plein ſaut chez un bon-homme de païſan que j'ai pris long-tems pour mon pere.

Ambroiſe, c'étoit le nom du bon-homme, étoit le Jardinier d'une maiſon de campagne que les Céleſtins avoient dans un petit

Village à quelques lieues de la Ville : fa femme Toinette fut choifie pour me fervir de nourrice : un fils qu'elle avoit mis au monde, & qui mourut au moment que je vis le jour, aida à voiler le myftere de ma naiffance : on enterra fecrettement le fils du Jardinier, & celui des Moines fut mis à fa place ; l'argent fait tout.

Je grandiffois infenfiblement, toujours cru, & me croyant moi-même fils du Jardinier. J'ofe dire néanmoins (qu'on me pardonne ce petit trait de vanité) que mes inclinations déceloient ma naiffance. Je ne fçais quelle influence divine opere fur les ouvrages des Moines : il femble que la vertu du froc fe communique à tout ce qu'ils touchent, Toinette en étoit une preuve. C'étoit bien la plus fringante femelle que j'aie jamais vu, & j'en ai vu quelques-unes. Elle étoit groffe, mais ragoûtante, de petits yeux noirs, un nez retrouffé, vive, amoureufe, plus parée que ne l'eft ordinairement une païfanne. C'auroit été un excellent pis-aller pour un honnête homme, jugez pour des Moines.

Quand la coquine paroiffoit avec fon corfet des Dimanches, qui lui ferroit une gorge que le hâle avoit toujours refpectée, & laiffoit voir deux tetons qui s'échappoient ; ah ! que je fentois bien dans ce moment que je n'étois pas fon fils, ou que j'aurois volontiers paffé fur cette qualité !

J'avois les difpofitions toutes monachales. Guidé par le feul inftinct, je ne voyois pas une fille que je ne l'embraffaffe, que je ne lui portaffe la main par-tout où elle vouloit bien la laiffer aller ; & quoique je ne fçuffe pas pofitivement ce que j'aurois fait, mon cœur me difoit que j'en aurois fait plus, fi l'on ne m'eût arrêté.

Un jour qu'on me croyoit à l'école, j'étois refté dans un petit réduit où je couchois : une fimple cloifon le féparoit de la chambre d'Ambroife, dont le lit étoit juftement appuyé contre : je dormois, il faifoit une extrême chaleur, c'étoit dans le cœur de l'été, je fus tout-à-coup réveillé par les violentes fecouffes que j'entendis donner à la cloifon. Je ne favois que penfer de ce bruit, il redoubloit : en prêtant l'oreille, j'entendis des fons émus & tremblans, des mots fans fuite & mal articulés. » Ah !... doucement, ma chere Toinette, » ne va pas fi vîte !... Ah ! coquine... tu » me fais mourir de plaifir... Va vîte !... » eh ! vîte !.... Ah !.... je me meurs !

Surpris d'entendre de pareilles exclamations dont je ne fentois pas toute l'é-

nergie. Je me rassis : à peine osois-je remuer. Si l'on m'avoit sçu là, j'avois tout
à craindre, je ne sçavois que penser, j'é-
tois tout ému. L'inquiétude où j'étois fit
bientôt place à la curiosité. J'entendis de
nouveau le même bruit, & je crus distin-
guer qu'un homme & Toinette répétoient
alternativement les mêmes mots que j'a-
-vois déja entendus : même attention de ma
part. L'envie de sçavoir ce qui se passoit
dans cette chambre devint à la fin si vive,
qu'elle étouffa toutes mes craintes. Je réso-
lus de sçavoir ce qui en étoit ; je serois, je
crois, volontiers entré dans la chambre
d'Ambroise pour voir ce qui s'y passoit,
aux risques de tout ce qui auroit pu arriver. Je ne fus pas à cette peine ; en cherchant doucement avec la main si je ne trouverois pas quelque trou à la cloison, j'en
sentis un qui étoit couvert par une grande
image. Je la perçai, & me fis jour. Quel
spectacle ! Toinette, nue comme la main,
étendue sur son lit, & le Pere Polycarpe,
Procureur du couvent, qui étoit à la maison depuis quelque tems, nud comme Toinette, faisant... quoi ? ce que faisoient nos
premiers parens, quand Dieu leur eût ordonné de peupler la terre ; mais avec des
circonstances moins lubriques.

Cette vue produifit chez moi une fur‐
prife mêlée de joie & d'un fentiment vif &
délicieux,qu'il m'auroit été impoffible d'ex‐
primer. Je fentois que j'aurois donné tout
mon fang pour être à la place du Moine;
que je lui portois d'envie! Que fon bon‐
heur me paroiffoit grand! Un feu inconnu
fe gliffoit dans mes veines, j'avois le vi‐
fage enflammé, mon cœur palpitoit, je re‐
tenois mon haleine; & la pique de Vénus,
que je pris à la main; étoit d'une force &
d'une roideur à abattre la cloifon, fi j'a‐
vois pouffé un peu fort. Le Pere fournit fa
carriere, & en fe retirant de deffus Toi‐
nette, il la laiffa expofée à toute la viva‐
cité de mes regards. Elle avoit les yeux
mourans & le vifage couvert du rouge le
plus vif; elle étoit toute hors d'haleine, fes
bras étoient pendans, fa gorge s'élevoit &
fe baiffoit avec une précipitation étonnan‐
te; elle ferroit de tems en tems le derriere
en fe roidiffant & en jettant de grands
foupirs. Mes yeux parcouroient avec une
rapidité inconcevable toutes les parties de
fon corps; il n'y en avoit pas une fur la‐
quelle mon imagination ne collât mille
baifers de feu. Je fuçois fes tetons, fon
ventre; mais l'endroit le plus délicieux,
& deffus lequel mes yeux ne purent plus
s'arracher,

s'arracher, quand une fois je les y eus fixés, c'étoit.... Vous m'entendez ! Que cette coquille avoit pour moi de charmes. Ah! l'aimable coloris! Quoique couverte d'une petite écume blanche, elle ne perdoit rien à mes yeux de la vivacité de sa couleur. Au plaisir que je ressentois, je reconnus le centre de la volupté. Il étoit ombragé d'un poil épais, noir & frisé. Toinette avoit les jambes écartées. Il sembloit que sa paillardise fût d'accord avec ma curiosité, pour ne me rien laisser à desirer.

Le Moine ayant repris vigueur, vint de nouveau se présenter au combat; il se remit sur Toinette avec une nouvelle ardeur: mais ses forces trahirent son courage, & fatigué de piquer inutilement sa monture, je lui vis retirer l'instrument de la coquille de Toinette, lâche & baissant la tête. Toinette, dépitée de sa retraite, le prit & se mit à le secouer; le Moine s'agitoit avec fureur, & paroissoit ne pouvoir supporter le plaisir qu'il ressentoit. J'examinois tous leurs mouvemens, sans autre guide que la nature, sans autre instruction que l'exemple, & curieux de sçavoir ce qui pouvoit occasionner ces mouvemens convulsifs du Pere, j'en cherchai la cause en moi-même. J'étois surpris de sentir un plaisir inconnu

qui augmentoit infenfiblement, & devint
enfin fi grand que je tombai pâmé fur mon
lit. La nature faifoit des efforts incroya-
bles, & toutes les parties de mon corps
fembloient fournir aux plaifirs de celle que
je careffois. Il tomba enfin de cette liqueur blanche, dont j'avois vu une fi grande profufion fur les cuiffes de Toinette. Je
revins de mon extafe, & retournai au trou
de la cloifon ; il n'étoit plus tems : le dernier coup étoit joué, la partie étoit finie.
Toinette fe r'habilloit, le Pere l'étoit déja.

Je reftai quelque tems, l'efprit & le cœur
remplis de l'aventure dont je venois d'ê-
tre témoin, & dans cette efpece d'étourdiffement qu'éprouve un homme qui vient
d'être frappé par l'éclat d'une lumiere
étrangere. J'allois de furprife en furprife :
les connoiffances que la nature avoit mifes
dans mon cœur venoient de fe dévelop-
per, les nuages dont elle les avoit couver-
tes s'étoient diffipés. Je reconnus la caufe
des différens fentimens que j'éprouvois tous
les jours à la vue des femmes. Ces paffages
imperceptibles de la tranquillité aux mouvemens les plus vifs, de l'indifférence aux
defirs, n'étoient plus des énigmes pour
moi. Ah ! m'écriai-je, qu'ils étoient heureux ! La joie les tranfportoit tous deux.

Il faut que le plaisir qu'ils goûtoient soit bien grand! Ah... qu'ils étoient heureux! L'idée de ce bonheur m'absorboit : elle m'ôtoit, pour un moment, tout pouvoir d'y réfléchir. Un silence profond succédoit à mes exclamations. Ah! reprenois-je aussi-tôt : Ne serai-je jamais grand pour en faire autant à une femme. Je mourrois sur elle de plaisir, puisque je viens d'en avoir tant. Ce n'est là sans doute qu'une foible image de celui que le Pere Polycarpe goûtoit avec ma mere : mais, poursuivis-je, je suis bien simple; est-il absolument nécessaire d'être grand pour avoir ce plaisir-là? Pardi, il me semble que le plaisir ne se mesure pas à la taille, pourvu que l'on soit l'un sur l'autre, cela doit aller tout seul.

Sur le champ, il me vint dans l'esprit de faire part de mes nouvelles découvertes à ma sœur Suzon. Elle avoit quelques années plus que moi : c'étoit une petite blonde fort jolie, qui portoit une de ces physionomies ouvertes, que l'on seroit tenté de croire niaises, parce qu'elles paroissent indolentes. Elle avoit de ces beaux yeux bleus, pleins d'une douce langueur, qu'il semble que l'on tourne sur vous sans intention, mais dont l'effet n'est pas moins sûr que celui des yeux brillans d'une brune

piquante, qui vous lance des regards paſſionnés. Pourquoi cela ? Je n'en ſçais rien ;
car je me ſuis toujours groſſiérement contenté du ſentiment, ſans être tenté d'en
pénétrer la cauſe. Ne ſeroit-ce pas parce
qu'une belle blonde avec ſes regards languiſſans, ſemble vous prier de lui donner
votre cœur, & que ceux d'une brune veulent vous l'enlever de force. La blonde ne
demande qu'un peu de compaſſion pour ſa
foibleſſe, & cette façon de demander eſt
bien ſéduiſante : vous croyez ne donner
que de la compaſſion, & vous donnez de
l'amour. La brune, au contraire, veut que
vous ſoyez foible, ſans vous promettre
qu'elle le ſera. Le cœur ſe gendarme contre celle-ci, n'eſt-il pas vrai ?

Je l'avoue à ma honte, il ne m'étoit pas
encore venu dans l'eſprit de jetter ſur Suzon un regard de concupiſcence ; choſe
rare chez moi, qui convoitois toutes les
filles que je voyois. Il eſt vrai qu'étant la
filleule de la Dame du village, qui l'aimoit
& la faiſoit élever chez elle, je ne la voyois
pas ſouvent. Il y avoit même un an qu'elle
étoit au couvent : elle n'en étoit ſortie que
depuis huit jours, que ſa maraine, qui devoit venir paſſer quelque tems à la campagne, lui avoit permis de venir voir Am-

broife. Je me fentis tout-à-coup enflammé du defir d'endoctriner ma chere fœur, & de goûter avec elle les mêmes plaifirs que je venois de voir prendre au Pere Polycarpe avec Toinette. Je ne fus plus le même pour elle. Mes yeux foûrirent à mille charmes que je ne lui avois pas apperçus. Je lui trouvai une gorge naiffante, plus blanche que les lys, ferme, potelée. Je fuçois déja avec un délice inexprimable ces deux petites fraifes que je voyois au bout de fes tetons : mais fur-tout, dans la peinture de fes charmes, je n'oubliois pas ce centre, cet abîme de plaifirs, dont je me faifois des images fi raviffantes. Animé par l'ardeur vive & brûlante que ces idées répandoient dans tout mon corps, je fortis, j'allai chercher Suzon, le foleil venoit de fe coucher, la brune s'avançoit : je me flattois qu'à la faveur de l'obfcurité que la nuit alloit répandre, je ferois dans un moment au comble de mes defirs, fi je la trouvois : je l'apperçus de loin qui cueilloit des fleurs. Elle ne penfoit pas alors que je méditois de cueillir la fleur la plus précieufe de fon bouquet : je volai à elle, la voyant toute entiere à une occupation auffi innocente. Je balançai dans le moment, fi je lui ferois connoître mon deffein : à

mefure que j'approchois, je fentois rallen-
tir la vivacité de ma courfe. Un tremblement foudain fembloit me reprocher mon
intention. Je croyois devoir refpecter fon
innocence, je n'étois retenu que par l'incertitude du fuccès. Je l'abordai, mais avec
une palpitation qui ne me permettoit pas
de dire deux mots fans reprendre haleine.
Que faifois-tu donc là, Suzon, lui dis-je,
en m'approchant d'elle, & voulant l'embraffer, elle s'échappa en riant, & me répondit : Comment ! ne vois-tu pas que je
cueille des fleurs ? Ah, ah, repris-je, tu
cueilles des fleurs ? Hé, vraiment oui, me
répliqua-t'elle, ne fçais – tu pas que c'eft
demain la fête de ma maraine ? Ce nom me
fit trembler, comme fi j'euffe craint que Suzon ne m'échappât. Mon cœur s'étoit déja
fait (fi j'ofe me fervir de ce terme) une
habitude de la regarder comme une conquête fùre, & l'idée de fon éloignement
fembloit me menacer de la perte d'un plaifir que je regardois comme certain, quoique je n'en euffe pas encore goûté. Je ne
te verrai donc plus, Suzon, lui dis-je d'un
air trifte ? Pourquoi donc, me répondit-
elle, ne viendrai-je pas toujours ici ? Mais,
allons, pourfuivit-elle d'un air charmant,
aide-moi à faire mon bouquet : je ne lui

répondis qu'en lui jettant quelques fleurs
au vifage; auffi-tôt elle de m'en jetter auffi.
Tiens, Suzon, lui dis-je, fi tu m'en jettes
davantage, je te... tu me le paieras. Pour
me faire voir qu'elle bravoit mes menaces, elle m'en jetta une poignée. Dans le
moment ma timidité m'abandonna : je ne
craignois pas d'être vu; la brune qui empêchoit qu'on ne pût voir à une certaine
diftance, favorifoit mon audace. Je me jettai fur Suzon, elle me repouffe, je l'em-
braffe, elle me donne un foufflet, je la
jette fur l'herbe; elle veut fe relever, je
l'en empêche; je la tiens étroitement fer-
rée dans mes bras, en lui baifant la gorge,
elle fe débat; je veux lui fourrer la main
fous la jupe, elle crie comme un petit démon; elle fe défend fi bien que je crains
de n'en pouvoir venir à bout, & qu'il ne
furvienne du monde. Je me relevai en
riant, & je crus qu'elle n'y entendoit pas
plus de malice que je voulois qu'elle n'y
en entendît. Que je me trompois! Allons,
lui dis-je, Suzon, pour te faire voir que
je ne voulois pas te faire de mal, je veux
bien t'aider. Oui, oui, me répondit-elle
avec une agitation au moins égale à la
mienne, va, voilà ma mere qui vient, &
je... Ah! Suzon, repris-je vivement, en

l'empêchant d'en dire davantage, ma chere Suzon, ne lui dis rien, je te donnerai... tiens, tout ce que tu voudras : un nouveau baiſer fut le gage de ma parole. Elle en rit, Toinette arriva, je craignois que Suzon ne parlât : elle ne dit mot, & nous retournâmes tous enſemble ſouper.

Depuis que le Pere Polycarpe étoit à la maiſon, il avoit donné de nouvelles preuves de la bonté du couvent pour le prétendu fils d'Ambroiſe : je venois d'être habillé tout de neuf. En vérité ſa Révérence avoit en cela moins conſulté la charité monachale, qui a des bornes fort étroites, que la tendreſſe paternelle qui ſouvent n'en connoît pas. Le bon Pere, par une pareille prodigalité, expoſoit la légitimité de ma naiſſance à de violens ſoupçons. Mais nos manans étoient de bonnes gens, & n'en voyoient pas plus que l'on ne vouloit leur en faire voir. D'ailleurs, qui auroit oſé porter un œil de critique & malin, ſur le motif de la généroſité des Révérends Peres? C'étoit de ſi honnêtes gens, de ſi bonnes gens ; on les adoroit dans le village ; ils faiſoient du bien aux hommes, & aimoient l'honneur des femmes : tout le monde étoit content. Mais revenons à ma figure ; car je vais avoir une aventure illuſtre.

A

A propos de cette figure-là. J'avois un air espiégle qui ne prévenoit pas contre moi. J'étois mis proprement, des yeux malins, de longs cheveux noirs me tomboient par boucles sur les épaules, & relevoient à merveille les vives couleurs de mon visage, qui, quoiqu'un peu brun, ne laissoit pas de valoir son prix. C'est un témoignage authentique, que je me crois obligé de rendre au jugement de plusieurs très-honnêtes & très-vertueuses personnes à qui j'ai rendu mes hommages.

Suzon, comme je l'ai dit, avoit fait un bouquet pour Madame Dinville : c'étoit le nom de sa maraine, femme d'un Conseiller de la ville voisine, qui venoit à sa terre prendre le lait, pour rétablir une poitrine dérangée par le vin de Champagne, & quelques autres causes.

Suzon s'étant mise dans ses petits atours, qui la rendirent encore plus aimable à mes yeux, il fut dit que je l'accompagnerois. Nous allâmes au château. Nous trouvâmes la Dame dans un appartement d'été, où elle prenoit le frais. Figurez-vous une femme d'une grandeur médiocre, poil brun, peau blanche, le visage laid en général, enluminé d'un rouge champenois, mais des yeux alertes, amoureux, & te-

tonniere autant que femme au monde. Ce
fut d'abord la premiere bonne qualité que
je lui remarquai : ç'a toujours été mon foible que ces deux boules-là. C'eſt auſſi quelque choſe de ſi joli, quand vous tenez cela
dans la main, quand vous... ah! chacun
le ſien, qu'on me paſſe celui-ci.

Si-tôt que la Dame nous apperçut, elle
jetta ſur nous un regard de bonté, & ſans
changer de ſituation. Elle étoit couchée
ſur un canapé, une jambe deſſus, & l'autre ſur le parquet : elle n'avoit qu'un ſimple jupon blanc, aſſez court pour laiſſer
voir un genouil qui n'étoit pas aſſez couvert pour faire penſer qu'il ſeroit bien difficile de voir le reſte : un petit corſet de
la même couleur, & un pet-en-l'air de ta-
fetas couleur de roſe, bichonnée d'un petit air négligé, & la main paſſée ſous ſon
jupon, jugez à quelle intention. Mon imagination fut au fait dans le moment, & mon
cœur la ſuivit de près : mon ſort étoit de
devenir déſormais amoureux à la vue de
toutes les femmes qui ſe préſenteroient à
mes yeux, les découvertes de la veille
avoient fait éclorre ces louables diſpoſi-
tions.

Hé! bon jour, ma chere enfant, dit Madame Dinville à Suzon; hé bien, tu re-

viens donc me trouver ! Ah... tu m'ap-
portes un bouquet; mais vraiment, je te
fuis bien obligée, ma chere fille, embraffe-
moi donc ? Embraffade de la part de Suzon. Mais, continua-t'elle, en jettant les
yeux fur moi : Quel eft donc ce beau gros
garçon-là ? Comment ! petite fille, vous
vous faites accompagner par un garçon,
cela eft joli. Je baiffois les yeux, Suzon lui
dit que j'étois fon frere. Révérence de ma
part, Ton frere, reprit Madame Dinville,
allons donc, continua-t'elle, en me regardant, en m'adreffant la parole : Baife-moi,
mon fils ; oh ! je veux que nous faffions
connoiffance enfemble. Auffi-tôt, pour
ébaucher la connoiffance, elle me donne
un baifer fur la bouche, je fens une petite langue fe gliffer entre mes levres, &
une main qui joue avec les boucles de mes
cheveux. Je ne connoiffois pas encore
cette maniere de baifer : elle me mit dans
une étrange émotion. Je jettai fur la Dame un regard timide, & je rencontrai fes
yeux brillans & pleins de feu, qui atten-
doient les miens au paffage, & qui les firent
baiffer. Nouveau baifer de même nature,
après lequel je fus libre de me remuer : car
je ne l'étois gueres de la façon dont elle
me tenoit embraffé. Je n'en étois pourtant

pas fâché; il me sembloit que c'étoit tou-jours autant de retranché sur le cérémo-nial de la connoissance qu'elle disoit vou-loir faire avec moi. Je ne fus sans doute redevable de ma liberté, qu'à la réflexion qu'elle fit sur le mauvais effet que pouvoit produire la vivacité de ses caresses, pro-diguées avec si peu de ménagement à une premiere vue : mais ses réflexions ne fu-rent pas de longue durée, elle reprit la conversation avec Suzon, & le refrain de chaque période, étoit : Suzon, venez me baiser; d'abord le respect me faisoit tenir écarté. Hé bien, dit-elle, en m'adressant de nouveau la parole : Ce gros garçon-là ne viendra donc pas aussi me baiser? J'a-vançai & j'appuyai sur la joue; je n'osois encore aller à la bouche; je lui fis un bai-ser un peu plus hardi que le premier. Je ne fus en reste avec elle que de quelque chose de plus passionné qu'elle mit dans le sien. Elle partageoit ainsi ses caresses en-tre ma sœur & moi, pour me donner le change sur le sujet de celle qu'elle me fai-soit. Sa politique me rendoit justice, j'é-tois plus habile que ma figure ne le pro-mettoit. Je me fis insensiblement si bien à ce petit manege, que je n'attendois pas le refrain pour prendre ma part; peu à peu

ma sœur se trouva sevrée de la sienne : je
m'établis dans le privilege exclusif de jouir
des bontés de la Dame, Suzon n'avoit plus
que les paroles.

Nous étions assis sur le canapé, nous ba-
billions, car Madame Dinville étoit grande babillarde. Suzon étoit à sa droite, j'é-
tois à sa gauche : Suzon regardoit dans le
jardin, & Madame Dinville me regardoit :
elle s'amusoit à me défriser, à me pincer
la joue, à me donner de petits soufflets ;
& moi, je m'amusois à la regarder, à lui
mettre la main, d'abord en tremblant, sur
le col : ses manieres aisées me donnoient
beau jeu ; j'étois effronté, la Dame ne disoit mot, me regardoit, rioit, & me laissoit faire. Ma main timide dans les com-
mencemens, mais devenue plus hardie par
la facilité qu'elle trouvoit à se satisfaire,
descendoit insensiblement du col à la gorge, & s'appesantissoit avec délice sur un
sein dont la fermeté élastique la faisoit tant
soit peu rebondir : mon cœur nageoit dans
la joie, déja je tenois dans la main une de
ces boules charmantes que je maniois à sou-
hait. J'allois y mettre la bouche : en avan-
çant on arrive au but. J'aurois, je crois,
poussé ma bonne fortune jusqu'où elle pouvoit aller, quand un maudit importun, le

Bailli du village, vieux singe, envoyé par un démon jaloux de mon bonheur, se fit entendre dans l'antichambre. Madame Dinville réveillée par le bruit que fit cet original en arrivant, me dit : Que faites-vous donc, petit fripon ? Je retirai la main précipitamment : mon effronterie ne tint pas contre un pareil reproche, je rougis, je me croyois perdu. Madame Dinville qui voyoit mon embarras, me fit sentir par un petit soufflet, qu'elle accompagna d'un sou-rire charmant, que sa colere n'étoit que pour la forme, & ses regards me confirme-rent que ma hardiesse lui déplaisoit moins que l'arrivée de ce vilain Bailli.

Il entra, l'ennuyeux personnage ! Après avoir toussé, craché, éternué, mouché, il fit sa harangue, plus ennuyeuse encore que sa figure. Si nous en eussions été quittes pour cela, ce n'auroit été que demi-mal : mais il sembloit que le maraud eût donné le mot à tous les importuns du village, qui vinrent tour à tour faire leur salamalec. J'enrageois. Quand Madame Dinville eut répondu à bien de sots complimens, elle se tourna de notre côté, & nous dit : Ah ça, mes chers enfans, vous reviendrez de-main dîner avec moi, nous serons seuls. Il me sembla qu'elle affectoit de jetter les yeux sur moi en disant ces derniers mots. Mon cœur trouvoit son compte dans cette assurance, & je sentis que, sans faire tort à mon penchant, mon petit amour-propre ne laissoit pas d'être flatté. Vous viendrez, entendez-vous, Suzon, continua Madame Dinville, & vous amenerez Saturnin : c'é-toit le nom que portoit alors votre servi-teur. Adieu, Saturnin, me dit-elle, en m'embrassant. Pour le coup je ne fus en reste de rien avec elle. Nous sortîmes.

Je me sentois dans une disposition qui assurément m'auroit fait honneur auprès de Madame Dinville, sans la visite imprévue de ces ennuyeux complimenteurs ; mais ce que je sentois pour elle n'étoit pas de l'a-mour, ce n'étoit qu'un desir violent de faire avec une femme la même chose que j'avois vû faire au Pere Polycarpe avec Toinette. Le délai d'un jour que Madame Dinville m'avoit donné, me paroissoit immense : j'essayai, chemin faisant, de remettre Su-zon sur les voies, en lui rappellant l'aven-ture de la veille. Que tu es simple, lui dis-je, Suzon ! Tu crois donc que je voulois te faire du mal hier ? Que voulois-tu donc me faire, répondit-elle ? Bien du plaisir. Quoi, reprit-elle avec une apparence de surpri-se, en me mettant la main sous la jupe, tu

m'aurois fait bien du plaifir? Affurément,
fi tu veux que je t'en donne la preuve, lui
dis-je, viens avec moi dans quelqu'endroit
écarté. Je l'examinois avec inquiétude : je
cherchois fur fon vifage quelques marques
des effets que devoit produire ce que je lui
difois ; je n'y voyois pas plus de vivacité
qu'à l'ordinaire. Le veux-tu bien, dis, ma
chere Suzon, continuai-je en la careffant?
Mais encore, reprit-elle, fans faire femblant d'entendre la propofition que je lui
faifois, qu'eft-ce donc que ce plaifir dont
tu me fais tant d'éloge? C'eft, lui répondis-
je, l'union d'un homme avec une femme
qui s'embraffent, qui fe ferrent bien fort,
& qui fe pâment en fe tenant étroitement
ferrés de cette façon. Les yeux toujours
fixés fur le vifage de ma fœur, je ne laif-
fois échapper aucun des mouvemens qui
l'agitoient : j'y voyois la gradation infen-
fible de fes defirs ; fa gorge bondiffoit.
Mais, me dit-elle, avec une naïveté cu-
rieufe qui me paroiffoit de bonne augure,
mon pere m'a quelquefois tenu comme tu
le dis, & je ne fentois pas cependant ce
plaifir que tu me promets. C'eft, repartis-
je, qu'il ne te faifoit pas ce que je voudrois
te faire. Eh! que voudrois-tu donc faire,
me demanda-t-elle d'une voix tremblante?

Je

Je te mettrois, lui répondis-je effronté-
ment, quelque chose entre les cuisses, qu'il
n'osoit pas te mettre. Elle rougit, & me
laissa, par son trouble, la liberté de continuer en ces termes : Vois-tu, Suzon, tu
as un petit trou ici, lui dis-je en lui montrant l'endroit où j'avois vu la fente de
Toinette. Eh! qui t'a dit cela, me demanda-
t-elle, sans lever les yeux sur moi? Qui me
l'a dit, repris-je assez embarrassé de sa question; c'est q.... c'est que toutes les femmes en ont autant. Et les hommes, poursuivit-elle? Les hommes, lui répondis-je,
ont une machine à l'endroit où vous avez
une fente : cette machine se met dans cette
fente, & c'est-là ce qui fait le plaisir qu'une
femme prend avec un homme. Veux-tu que
je te fasse voir la mienne? mais à condition
que tu me laisseras toucher à ta petite fente : nous nous chatouillerons, nous nous
ferons bien-aises.

Suzon étoit toute rouge : les discours
que je lui tenois paroissoient la surprendre :
il sembloit qu'elle eût peine à m'en croire :
elle n'osoit me laisser mettre la main sous
sa jupe, dans la crainte, disoit-elle, que
je ne voulusse la tromper, & que je n'al-
lasse tout déclarer. Je l'assurai que rien au
monde ne seroit capable de m'en arracher

l’aveu ; & pour la convaincre de cette différence que je lui difois fe trouver entre
nous deux, je voulus lui prendre la main :
elle la retira, & nous continuâmes notre
entretien jufqu’à la maifon.

Je voyois bien que la petite friponne
prenoit goût à mes leçons, & que fi je
la trouvois encore une fois cueillant des
fleurs, il ne me feroit pas difficile de l’empêcher de crier : je brûlois d’envie de mettre la derniere main à mes inftructions, &
d’y joindre l’expérience.

A peine étions-nous entrés dans la maifon, que nous vîmes arriver le Pere Polycarpe : je démêlai le motif de fa vifite,
& je n’en doutai plus, quand fa Révérence
eut déclaré d’un air aifé, qu’elle venoit
prendre le dîner de famille : on croyoit
Ambroife bien loin. Il eft vrai qu’il ne les
gênoit gueres ; mais on eft toujours bien-
aife d’être débarraffé de la préfence d’un
mari, quelque commode qu’il foit ; c’eft
toujours un animal de mauvais augure.

Je ne doutai pas que je n’euffe cet après-
midi le même fpectacle que j’avois eu la
veille, & fur le champ je formai le deffein
d’en faire part à Suzon. Je penfois, avec
raifon, qu’une pareille vue feroit un excellent moyen pour avancer mes petites

affaires avec elle ; je ne lui en parlai pas, je remis cette épreuve à l'après-dînée, bien résolu de n'employer ce moyen qu'a l'extrémité, comme un corps de réserve décisif pour une action.

* Le Moine & Toinette ne se gênoient pas en notre présence : ils nous croyoient des témoins peu dangereux. Je voyois la main gauche du Pere se glisser mystérieusement sous la table, & agiter les jupes de Toinette qui lui soûrioit, & me paroissoit écarter les cuisses, pour laisser apparemment le passage plus libre aux doigts libertins du paillard Moine.

Toinette avoit de son côté une main sur la table ; mais l'autre étoit dessous, & rendoit vraisemblablement au Pere ce que le Pere lui prêtoit : j'étois au fait. Les plus petites choses frappent un esprit prévenu. Le Révérend Pere chopinoit de bonne grace, Toinette lui répondoit sur le même ton : ses desirs parvinrent bientôt au point d'être gênés par notre présence ; elle nous le fit connoître en nous conseillant à ma sœur & à moi, d'aller faire un tour dans le jardin : j'entendis ce qu'elle vouloit nous dire. Nous nous levâmes aussi-tôt, & leur laissâmes, par notre départ, la liberté de faire autre chose que glisser les mains.

ſous la table. Jaloux du bonheur que notre départ alloit les mettre en état de goûter, je voulus encore eſſayer de venir à
bout de Suzon, ſans le ſecours du tableau
que je devois offrir à ſes regards. Je la
conduiſois vers une allée d'arbres, dont
l'épais feuillage faiſoit une obſcurité qui
promettoit beaucoup d'aſſurance à mes deſirs. Elle s'apperçut de mon deſſein, & ne
voulut pas m'y ſuivre. Tiens, Saturnin,
me dit-elle ingénuement, je vois que tu
veux encore m'entretenir de cela; hé bien,
parlons-en. Je te fais donc plaiſir, lui répondis-je, quand j'en parle? Elle me l'a-
voua. Juge, lui dis-je, ma chere Suzon,
par celui que mes diſcours te donnent, de
celui que tu aurois.... Je ne lui en dis pas
davantage; je la regardois, je lui tenois la
main que je preſſois contre mon ſein. Mais,
Saturnin, me dit-elle, ſi.... cela alloit
faire du mal? Quel mal veux-tu que cela
faſſe, lui répondis-je, charmé de n'avoir
plus qu'un auſſi foible obſtacle à détruire;
aucun, ma chere petite, au contraire. Aucun, reprit-elle en rougiſſant & baiſſant
la vue; & ſi j'allois devenir groſſe? Cette
objection me ſurprit étrangement; je ne
croyois pas Suzon ſi ſçavante, & j'avoue
que je n'étois pas en état de lui donner

une réponfe fatisfaifante. Comment donc,
groffe, lui dis-je, eft-ce que c'eft comme
cela que les femmes deviennent groffes,
Suzon? Sans doute, me répondit-elle d'un
ton d'affurance qui m'effraya. Eh, où l'as-
tu donc appris, lui demandai-je? car je
fentois bien que c'étoit fon tour à me donner des leçons. Elle me répondit qu'elle
vouloit bien me le dire, mais à condition
que je n'en parlerois de ma vie. Je te crois
difcret, Saturnin, ajouta-t'elle, & fi tu
étois capable d'ouvrir jamais la bouche fur
ce que je vais te dire, je te haïrois à la
mort. Je lui jurai que jamais je n'en parlerois. Affeyons-nous ici, pourfuivit-elle
en me montrant un gazon où l'on n'étoit
à fon aife que pour caufer fans être entendu. J'aurois bien mieux aimé l'allée,
nous n'y aurions été vus ni entendus : je la
propofai de nouveau, elle n'y voulut pas
venir.

Nous nous affîmes fur le gazon, à mon
grand regret : pour comble de malheur,
je vis arriver Ambroife. N'ayant plus d'efpérance, pour cette fois, je pris mon parti.
L'agitation où me mit le defir d'apprendre
ce que devoit me dire Suzon, fit diver-
fion à mon chagrin.

Avant de commencer, Suzon exigea en-

core de nouvelles affurances de ma part :
je les lui donnai avec ferment. Elle hé-
fitoit, elle n'ofoit encore : je la preffai fi
fort qu'elle fe détermina. Voilà qui eft fait,
me dit-elle, je t'en crois, Saturnin : écoute, tu vas être étonné de ma fcience, je
t'en avertis. Tu croyois m'apprendre quelque chofe tantôt, j'en fçais plus que toi,
tu le vas voir ; mais ne crois pas pour cela
que j'aie moins pris de plaifir à ce que tu
m'as dit : on aime toujours à entendre parler de ce qui flatte. Comment donc, Suzon,
tu parles comme un oracle, on voit bien
que tu as été *en Couvent;* que cela façonne
une fille ! Oh, vraiment, me répondit-elle,
fi je n'y avois jamais été, j'ignorerois bien
des chofes que je fçais. Eh dis – le – moi
donc ce que tu fçais, repris-je vivement,
je meurs d'envie de l'apprendre.

Il n'y a pas long-tems, continua Suzon,
que, pendant une nuit fort obfcure, je dormois d'un profond fommeil ; je fus réveillée en fentant un corps tout nud, qui fe
gliffoit dans mon lit : je voulus crier, mais
on me mit la main fur la bouche, en me
difant : Tais-toi, Suzon, je ne veux pas
te faire de mal ; eft-ce que tu ne reconnois
pas la Sœur Monique ? Cette Sœur venoit,
depuis peu, de prendre le voile de Novice:

c'étoit ma meilleure amie. Jefus, lui dis-je,
ma Bonne, pourquoi donc me venir prendre dans mon lit? C'eft que je t'aime, me
répondit-elle en m'embraffant. Et pourquoi êtes-vous toute nue? C'eft qu'il fait
fi chaud que ma chemife même eft trop pe-
fante; il tombe une pluie terrible, j'ai entendu le tonnerre qui grondoit, j'en ai
bien peur: ne l'entends-tu pas auffi? Quel
bruit il fait! ah! ferre-moi bien fort, mon
petit cœur, mets le drap par-deffus notre
tête pour ne pas voir ces vilains éclairs.
Là, bon: ah! ma chere Suzon que j'ai
peur! Moi, qui ne crains pas le tonnerre,
je tâchois de raffurer la Sœur, qui, pendant ce tems-là me paffoit fa cuiffe droite
entre les miennes, & fa gauche par-deffous;
& dans cette pofture, elle le frottoit contre ma cuiffe droite en me mettant la langue dans la bouche, & en me donnant de
petits coups fur la feffe avec la main. Après
qu'elle fe fut un peu remuée de cette façon-
là, je crus fentir qu'elle me mouilloit la
cuiffe; elle pouffoit des foupirs, je m'imaginois que c'étoit la peur du tonnerre qui
faifoit cela. Je la plaignois; mais bientôt
elle reprit fa pofture naturelle: je croyois
qu'elle alloit s'endormir, & je me préparois à en faire autant, quand elle me dit:

Tu dors donc, Suzon? Je lui répondis que non, mais que j'allois bientôt le faire. Tu veux donc, reprit-elle, me laisser mourir de frayeur? Oui, je mourrai, si tu te rendors; donne-moi la main, ma chere petite, donne. Je me laissai prendre la main, qu'elle porta aussi-tôt à sa fente, & elle me dit de la chatouiller avec mon doigt dans le haut de cet endroit : je le fis par amitié pour elle. J'attendois qu'elle me dît de finir; mais elle ne disoit mot, écartoit seulement les jambes, & respiroit un peu plus vîte qu'à l'ordinaire, en jettant de tems en tems quelques soupirs, & en remuant le derriere : je crus qu'elle se trouvoit mal, & je cessai de faire aller le doigt. Ah! Suzon, me dit-elle d'une voix entrecoupée, acheve, je te prie, acheve : je continuai. Ah! ah! s'écria-t'elle en s'agitant bien fort, & en m'embrassant étroitement, dépêche, ma petite Reine, dépêche, ah! vîte, ah. . . . je me meurs. Au moment qu'elle disoit cela, tout son corps se roidit, & je me sentis de nouveau la main mouillée; enfin elle poussa un grand soupir, & resta sans mouvement.

Je t'assure, Saturnin, que j'étois bien étonnée de tout ce qu'elle me faisoit faire. Et tu n'étois pas émue, lui dis-je? Oh que si,

ſi, me répondit-elle, je voyois bien que
tout ce que je venois de lui faire, lui avoit
donné beaucoup de plaiſir ; & que ſi elle
vouloit m'en faire autant, j'en aurois beaucoup auſſi : mais je n'oſois le lui propoſer.
Elle m'avoit cependant miſe dans un état
bien embarraſſant. Je deſirois, & je n'o-
ſois lui dire ce que je deſirois ; je remet-
tois avec plaiſir la main ſur ſa fente ; je
prenois la ſienne que je portois, que je faiſois repoſer ſur différens endroits de mon
corps, ſans oſer pourtant la mettre ſur le
ſeul où je ſentois que j'en avois beſoin. La
Sœur qui ſçavoit auſſi-bien que moi ce que
je lui demandois, & qui avoit la malice de
me laiſſer faire, eut à la fin pitié de mon
embarras, & me dit, en m'embraſſant : Je
vois bien, petite coquine, ce que tu veux.
Auſſi-tôt elle ſe couche ſur moi, je la re-
çois dans mes bras. Ouvre un peu les cuiſſes, me dit-elle ; je lui obéis. Elle me coule
le doigt où le mien venoit de lui faire tant
de plaiſir : elle répétoit elle-même les leçons qu'elle m'avoit données ; je ſentois le
plaiſir monter par degré, & s'accroître à
chaque coup de doigt qu'elle donnoit. Je
lui rendois en même tems le même ſervice ; elle avoit les mains jointes ſous mes
feſſes, elle m'avoit avertie de remuer un

peu le derriere, à mesure qu'elle pousse-
roit. Ah! qu'elle femoit de délices dans ce
charmant badinage, mais elles n'étoient
que le prélude de celles qui devoient suivre. Le raviffement me fit perdre toute
connoiffance, je demeurai pâmée dans les
bras de ma chere Monique : elle étoit dans
le même état, nous étions immobiles. Je
revins enfin de mon extafe ; je me trouvai
auffi mouillée que la Sœur, & ne fçachant
à quoi attribuer un pareil prodige : j'avois
la fimplicité de croire que c'étoit du fang
que je venois de verfer ; mais je n'en étois
pas effrayée ; au contraire, il fembloit que
le plaifir que je venois de goûter m'eût
mife en fureur, tant je me fentois d'envie
de recommencer. Je le dis à Monique, elle
me répondit qu'elle étoit laffe, & qu'il falloit attendre un peu. Je n'en eus pas la patience, & je me mis fur elle comme elle
venoit de fe mettre fur moi, j'entrelaçai
mes cuiffes dans fes cuiffes, & me frottant
comme elle l'avoit fait, je retombai en extafe. Hé bien, me dit la Sœur, charmée
des témoignages que je lui donnois du plaifir que je reffentois, es-tu fâchée, Suzon,
que je fois venue dans ton lit ? Oui, je
gage que tu me veux du mal d'être venue
te réveiller. Ah! lui répondis-je, que vous

fçavez bien le contraire! Que pourrai-je
vous donner pour une nuit auffi charmante? Petite coquine, reprit-elle en me baifant, va, je ne te demande rien : n'ai-je
pas eu autant de plaifir que toi? Ah! que
tu viens de m'en faire goûter! Dis-moi,
ma chere Suzon, pourfuivit-elle, ne me
cache rien : n'avois-tu jamais penfé à ce
que nous venons de faire? Je lui dis que
non. Quoi, reprit-elle, tu ne t'étois jamais
mis le doigt dans ton petit conin? Je l'interrompis pour lui demander ce qu'elle
entendoit par ce mot? Hé, c'eft cette fente, me répondit-elle, où nous venons de
nous chatouiller. Quoi! tu ne fçavois pas
encore cela? Ah! Suzon, à ton âge j'en
fçavois plus que toi! Vraiment, lui répondis-je, je n'avois garde de goûter ce plaifir.
Vous connoiffez le Pere Jérôme, notre
Confeffeur, c'eft lui qui m'en a toujours
empêché : il me fait trembler quand je vais
à confeffe ; il ne manque pas de me demander exactement, fi je ne fais pas d'impuretés avec mes compagnes, & il me défend
fur-tout d'en faire fur moi-même : j'ai toujours eu la fimplicité de l'en croire ; mais
je fçais à préfent à quoi m'en tenir fur fes
défenfes. Et comment, me dit Monique,
t'explique-t-il ces impuretés qu'il te dé-

fend de faire fur toi-même ? Mais, lui répondis-je, il me dit, par exemple, que c'eſt
quand on ſe met le doigt où vous ſçavez,
quand on ſe regarde les cuiſſes, la gorge:
il me demande ſi je ne me ſers pas de mi-
roir pour m'examiner autre choſe que le
viſage ? Il me fait mille autres queſtions
ſemblables. Ah ! le vieux coquin, s'écria
Monique, je gage qu'il ne ceſſe de t'entretenir de cela. Vous me faites, dis-je à la
Sœur, prendre garde à certaines actions
qu'il fait pendant que je ſuis dans ſon con-
feſſionnal, & que j'ai toujours priſes ſotte-
ment pour des marques d'amitié : le vieux
ſcélérat ! j'en connois à préſent le motif.
Eh ! quelles actions donc, me demanda vivement la Sœur ? Ces actions, lui répondis-
je, c'eſt de me baiſer à la bouche, en me
diſant de m'approcher pour qu'il entende
mieux, de me conſidérer attentivement la
gorge, pendant que je lui parle, de me
mettre la main deſſus, & me défendre de
la montrer, ſous prétexte que c'eſt une
marque de coquetterie ; & malgré ſes ſer-
mons, il ne tire pas la main, qu'il avance de
plus en plus ſur mon ſein, & pouſſe même
quelquefois juſqu'à mes tetons : quand il
l'ôte, c'eſt pour la porter auſſi-tôt ſous ſa
robe, qui remue avec de petites ſecouſſes;

il me preſſe alors entre ſes genoux, il m'approche avec ſa main gauche, il ſoupire,
ſes yeux s'égarent, il me baiſe plus fort
qu'à l'ordinaire, ſes paroles ſont ſans ſuite, il me dit des douceurs, & me fait des
remontrances en même tems.

. Je me ſouviens qu'un jour, en retirant
la main de deſſous ſa robe pour me donner
l'abſolution, il me couvrit toute la gorge
de quelque choſe de chaud, qui ſe répandit par petites gouttes : je l'eſſuyai au plus
vîte avec mon mouchoir, dont je n'ai pas
pû me ſervir depuis. Le Pere tout interdit,
me dit que c'étoit de la ſueur qui couloit
de ſes doigts. Qu'en penſez-vous, ma chere
Monique, dis-je à la Sœur ? Je te dirai
tout-à-l'heure ce que c'étoit, me répondit-
elle. Ah ! le vieux pécheur ! Mais ſçais-tu
bien, Suzon, continua-t-elle, que tu viens
de me conter ce qui m'eſt arrivé avec lui ?
Comment donc, lui dis-je, vous feroit-il
auſſi quelque choſe à vous ? Non aſſurément, me répondit-elle, car je le hais à la
mort, & je ne vais plus à lui depuis que
je ſuis devenue plus ſçavante. Et comment
avez-vous donc appris, lui demandai-je,
à connoître ce qu'il vous faiſoit ? Je con-
ſens à te le dire, me répondit la Sœur ;
mais ſois diſcrete, car tu me perdrois, ma

chere Suzon. Je ne fçais, Saturnin, pourfuivit ma fœur après un moment de filence, fi je dois révéler tout ce qu'elle m'apprit. L'envie de fçavoir une hiftoire dont
le prélude me charmoit, me donna des
expreffions pour vaincre l'irréfolution de
Suzon. Je mêlai les careffes aux affurances, & je vins à bout de la perfuader. C'eft
la Sœur Monique qui va s'exprimer par la
bouche de Suzon. Quelqu'emporté que
doive paroître le caractere de cette Sœur,
je crains que mes expreffions ne foient encore au-deffous de la réalité : le peu de
tems que j'ai paffé avec elle m'en a fait concevoir une idée qu'il ne m'eft gueres poffible de rendre fidélement.

HISTOIRE

DE LA Sœur Monique.

NOUS ne fommes pas maîtreffes des
mouvemens de notre cœur ; féduites en
naiffant par l'attrait du plafir, c'eft à lui
que nous offrons nos premiers fentimens.
Heureufes celles dont le tempérament ne
s'effraye pas des confeils aufteres de la raifon ; elles y trouvent un fecours contre le
penchant de leur cœur ; mais doit-on leur

envier leur bonheur? Non, qu'elles jouif-
fent du fruit de leur fageffe, elles l'ache-
tent affez cher, puifqu'elles ne connoiffent pas le plaifir. Eh! qu'eft-ce que cette
fageffe, après tout, dont on nous étourdit
les oreilles? Une chimere, un mot confa-
cré à exprimer la captivité où l'on retient
notre fexe. Les éloges que l'on fait de
cette vertu imaginaire font pour nous ce
qu'eft pour un enfant un hochet qui l'a-
mufe & l'empêche de crier. Des vieilles
que l'âge a rendues infenfibles au plaifir,
ou plûtôt que la retraite leur interdit,
croyent fe dédommager de l'impuiffance
de le goûter, par les portraits hideux qu'elles nous en font: laiffons-les dire, Suzon;
quand on eft jeune, on ne doit avoir d'autre maître que fon cœur, ce n'eft que lui
qu'il faut écouter, ce n'eft qu'à fes confeils
qu'il faut fe rendre.

Tu croiras facilement qu'ayant de pareilles inclinations, il ne falloit pas moins
que la contrainte d'un cloître pour m'empêcher de m'y livrer; mais c'eft dans ce
lieu même, où l'on vouloit étouffer mes
defirs, que j'ai trouvé le moyen de les fatisfaire.

Toute jeune que j'étois, quand ma mere,
après la mort de fon quatrieme mari, vint

demeurer dans ce couvent en qualité de Dame Penſionnaire, je ne laiſſai pas d'être effrayée de la réſolution qu'elle avoit priſe ; ſans pouvoir diſtinguer le motif de ma frayeur, je ſentois qu'on alloit me rendre malheureuſe. L'âge, en me donnant des lumieres, m'éclaira ſur la cauſe de mon averſion pour le cloître. Je ſentois qu'il me manquoit quelque choſe, la vûe d'un homme. Du ſimple regret d'en être privée, je paſſai bientôt à réfléchir ſur ce qui pouvoit me rendre cette privation ſi ſenſible. Qu'eſt-ce donc qu'un homme, diſois-je ? Eſt-ce une eſpece de créature différente de la nôtre ? Quelle eſt la cauſe des mouvemens que ſa vûe excite dans mon cœur ? Eſt-ce un viſage plus aimable qu'un autre ? Non, le plus ou le moins de charmes que je leur trouve, n'excite que plus ou moins d'émotion : l'agitation de mon cœur eſt indépendante de ces charmes, puiſque le Pere Jérôme lui-même, tout déſagréable qu'il eſt, m'émeut quand je ſuis près de lui : ce n'eſt donc que la ſeule qualité d'homme qui produit ce trouble ; mais pourquoi le produit-elle ? J'en ſentois la raiſon dans mon cœur, mais je ne la connoiſſois pas ; elle faiſoit ſes efforts pour briſer les liens où mon ignorance la réduiſoit. Efforts inutiles ! Je

n'acquérois

n'acquérois de nouvelles connoiſſances que pour tomber dans de nouveaux embarras.

Quelquefois je m'enfermois dans ma chambre, je m'y livrois à mes réflexions : elles me tenoient lieu des compagnies où je me plaiſois le plus. Qu'y voyois-je dans ces compagnies? Des femmes ; & quand j'étois ſeule je ne penſois qu'aux hommes : je ſondois mon cœur, je lui demandois raiſon de ce qu'il ſentoit, je me deshabillois toute nue, je m'examinois avec un ſentiment de volupté, je portois des regards enflammés ſur toutes les parties de mon corps, je brûlois, j'écartois les cuiſſes, je ſoupirois ; mon imagination échauffée me préſentoit un homme, j'étendois les bras pour l'embraſſer, mon conin étoit dévoré par un feu prodigieux : je n'avois jamais eu la hardieſſe d'y porter le doigt. Toujours retenue par la crainte de m'y faire mal, j'y ſouffrois les plus vives démangeaiſons, ſans oſer les appaiſer. Quelquefois j'étois prête à ſuccomber ; mais, effrayée de mon deſſein, j'y portois le bout du doigt, & je le retirois avec précipitation, je me le couvrois avec le creux de la main, je le preſſois ; enfin je me livrai à la paſſion, j'enfonçai, je m'étourdis ſur

la douleur pour n'être fenfible qu'au plaî-
fir : il fut fi grand, que je crus que j'allois
expirer. Je revins avec une nouvelle envie de recommencer, & je le fis autant de
fois que mes forces me le permirent.

J'étois enchantée de la découverte que
je venois de faire, elle avoit répandu la
lumiere dans mon efprit : je jugeai que,
puifque mon doigt venoit de me procurer
de fi délicieux momens, il falloit que les
hommes fiffent avec nous ce que je venois
de faire feule, & qu'ils euffent une efpece
de doigt qui leur fervît à mettre où j'a-
vois mis le mien ; car je ne doutois pas que
ce ne fût là la véritable route du plaifir.
Parvenue à ce degré de lumiere, je me fentis agitée du defir le plus violent de voir
dans un homme l'original d'une chofe dont
la copie m'avoit fait tant de plaifir.

Inftruite par mes propres fentimens de
ceux que la vue des femmes doit réciproquement faire naître dans le cœur des
hommes, je joignis à mes charmes tous les
petits agrémens dont l'envie de plaire a
inventé l'ufage : fe pincer les levres avec
grace, foûrire myftérieufement, jetter des
regards curieux, modeftes, amoureux, in-
différens, affecter de ranger, de déranger
fon fichu pour faire fixer les yeux fur fa

gorge, en précipiter adroitement les mouvemens, se baisser, se relever, je possédois ces petits talens dans le dernier degré de la coquetterie ; je m'y exerçois continuellement : mais ici, c'étoit les posséder en pure perte. Mon cœur soupiroit après la présence de quelqu'un qui connût le prix de mon sçavoir, & qui me fît connoître l'effet qu'il auroit fait sur lui.

Continuellement à la grille, j'attendois que mon bonheur m'envoyât ce que je souhaitois depuis si long-tems inutilement : je me faisois amie de toutes les Pensionnaires que leurs freres venoient voir. En demandoit-on quelqu'une, je ne manquois pas de passer, sans affectation, devant le parloir ; on m'appelloit, j'y courois, & j'ose dire que ceux que j'y trouvois ne me voyoient pas impunément.

J'y examinois un jour un beau garçon, dont les yeux noirs & vifs me rendoient avec usure mes regards ; un sentiment délicat & piquant, détaché même du plaisir ordinaire que la présence des hommes me procuroit, fixoit agréablement mon attention sur lui. L'opiniâtreté de mes regards qu'il avoit d'abord reçus avec assez d'indifférence, anima les siens, il ne les détourna plus de dessus moi. Il n'étoit rien moins que timide, ou plutôt il étoit d'une hardieſſe, qui, ſoutenue des charmes de ſa figure, lui répondoit du ſuccès avec toutes les femmes qu'il voudroit attaquer. Il profitoit des momens que ſa ſœur détournoit la vue, pour me faire des ſignes auxquels je ne comprenois rien, mais que ma petite vanité vouloit que je fiſſe ſemblant d'entendre, & que j'autoriſois par des ſoûrires qui l'enhardirent au point de lui faire faire des geſtes que je compris parfaitement bien : il porta la main entre ſes cuiſſes, je rougis, & malgré moi j'en ſuivis du coin de l'œil le mouvement. Il la tira en me faiſant ſigne avec la main gauche, qu'il appuya au-deſſus du poignet de la droite : il ne falloit pas être bien ſçavante pour ſentir qu'il vouloit dire que ce qu'il venoit de toucher étoit de cette longueur. Son action m'avoit miſe en feu, la pudeur vouloit que je m'éloignaſſe ; mais la pudeur fait une foible réſiſtance quand le cœur eſt d'intelligence pour la trahir. L'amour me faiſoit reſter, je baiſſois timidement la vue ; mais bientôt je reportai ſur Verland (c'étoit ſon nom) des yeux que je voulois faire paroître irrités, & que le plaiſir rendoit languiſſans : il le ſentit, il vit que je l'avois entendu, il vit que je n'avois pas la force

de le désapprouver, il profita de ma foiblesse ; &, pour ne me rien laisser à desirer
sur l'ardeur dont ses regards me témoignoient qu'il étoit animé, il joignit le premier doigt de sa main gauche avec le pouce, il mit dans cette espece de fente le second doigt de sa main droite, il le poussoit, le retiroit, & jettoit des soupirs : le
fripon me rappelloit par-là des circonstances trop charmantes pour me laisser la
force de lui témoigner la colere que méritoit ce nouveau manque de respect. Ah !
Suzon, que j'étois contente de lui ! & que
je me figurois que je l'aurois bien été davantage, si nous nous fussions trouvés seuls ;
mais quand nous l'aurions été, une grille
impénétrable eût arrêté nos plaisirs.

Dans le moment on appella ma compagne : elle nous dit qu'elle alloit voir ce
qu'on lui vouloit, & qu'elle ne tarderoit
pas à revenir. Son frere profita de cet instant pour s'expliquer plus clairement ; il
ne me tint pas de grands discours, mais
ils signifioient beaucoup. Quoique le compliment ne fût pas extrêmement poli, il
me parut si naturel que je m'en souviens
toujours avec plaisir. Nous autres femmes,
nous sommes plus flattées d'un discours où
la nature parle toute seule, quelque peu

mesurées que soient ses expressions, que de
ces galanteries fades que le cœur désavoue,
& que le vent emporte. Revenons au compliment de Verland ; le voici : Nous n'a-
vons pas de tems à perdre, vous êtes charmante, je bande comme un Carme, je
meurs d'envie de vous le mettre, ensei-
gnez-moi un moyen de passer dans votre
couvent ? Je fus si étourdie de ses paroles
& de l'action dont il les dit, que je demeurai immobile ; de façon qu'il eut le tems
de passer la main au travers de la grille,
de me prendre les tetons, de me les manier, & de me dire encore d'autres douceurs de la même force, avant que je fusse
revenue de ma surprise ; & quand j'en revins, je me trouvai si peu en état d'arrêter
ses transports, que sa sœur le surprit dans
cette occupation : elle fit le lutin, me dit
des injures, en dit à son frere, & je ne le
revis plus.

Tout le couvent sçut bientôt mon aventure : on chuchotoit, on me regardoit, on
rioit, on parloit, on se taisoit ; je m'en in-
quiétois fort peu, pourvu que le murmure
ne passât pas les Pensionnaires : j'étois sûre
de la discrétion des jolies, mais je ne l'é-
tois pas trop de celle des laides ; & celles-
ci qui étoient sûres de n'avoir jamais de

pareilles occafions de pécher, crierent au
fcandale, bas d'abord, puis haut, & fi haut
que les vieilles le fçurent. J'en avois ri au
commencement, je tremblai alors, & j'a-
vois bien raifon de trembler ; car les Meres
difcretes affemblerent le Confeil pour dé-
libérer entr'elles fur ce que l'on feroit à
une effrontée qui fe laiffoit toucher les tetons : crime irrémiffible aux yeux d'une
bande de vieilles momies qui n'avoient
plus que des tetaffes à jetter fur l'épaule.
On trouva le cas grave, toute autre que
moi eût été renvoyée : que je l'aurois fouhaité ! mais je devois apporter une bonne
dot. Ma mere les avoit affurées qu'elle me
feroit prendre le voile, on me ménagea,
& le réfultat du Confeil fut qu'on me châ-
tieroit. On fe mit en devoir de le faire ;
je l'avois prévu : je m'étois cantonnée dans
ma chambre, on força ma porte, on m'at-
taqua. Je mordis l'une, j'égratignai l'autre ; je donnai des coups de pied, je dé-
chirai des guimpes, j'arrachai des bonnets ;
enfin je me défendis fi bien, que je laffai
mes ennemies au point de les faire renon-
cer à leur entreprife. Elles n'emporterent
de leur action que la honte d'avoir fait
voir que fix Meres n'avoient pu venir à
bout d'une jeune fille : j'étois une lionne
dans ce moment.

La rage & le foin de ma défenfe m'avoient
jufqu'alors occupée toute entiere ; je ne
fongeois qu'à donner le démenti aux vieilles : mais je devins bientôt auffi foible que
j'étois hardie & vigoureufe un moment auparavant. La colere fit place au défefpoir.
Moins flattée du plaifir de me voir en fû-
reté, que pénétrée de l'affront qu'on avoit
voulu me faire, j'avois le vifage baigné de
mes larmes. Comment reparoître dans le
couvent, difois-je? Je vais être moquée,
peu me plaindront, toutes me fuiront. Ah!
me voilà couverte de honte ! Mais je veux
aller trouver ma mere, pourfuivois-je, elle
pourra me blâmer, mais peut-être me par-
donnera-t'elle. Un garçon m'a.... hé bien,
où eft donc ce grand crime? Y ai-je con-
fenti? C'eft ainfi que je raifonnois. Oui,
continuai-je, je vais la trouver. Je me levai de deffus mon lit dans ce deffein, &
j'y aurois été, fi en faifant un pas pour ouvrir ma porte, je n'euffe marché fur quelque chofe qui roula & me fit tomber.

Je voulus voir ce qui pourroit m'avoir
fait faire cette chûte, je cherchai, je trouvai. Figure-toi ce que je devins à la vue
d'une machine qui repréfentoit au naturel
une chofe dont mon imagination m'avoit
fait fouvent la peinture : un vit. Un vit
hé

hé qu'eſt - ce que cela, demandai - je à la
Sœur ? Ah, me dit-elle, il ne tiendra qu'à
toi de ne pas reſter long - tems dans cette
ignorance : jolie comme tu es, que d'aimables Cavaliers ſe trouveront heureux de
pouvoir t'inſtruire ! Mais ils n'en auront
pas la gloire, c'eſt à moi qu'elle eſt réſer-
vée. Un vit, ma chere Suzon, eſt le membre d'un homme : on l'appelle le membre
par excellence, parce qu'il eſt le Roi de
tous les autres. Ah, qu'il mérite bien ce
nom ! Mais ſi les femmes lui rendoient la
juſtice qu'il mérite, elles l'appelleroient
leur Dieu : oui, c'en eſt un, le con eſt ſon
domaine, le plaiſir eſt ſon élément, il va
le chercher dans les replis les plus cachés ;
il pénétre, il ſonde, il le trouve, il s'y
plonge, il le goûte, il le fait goûter, il y
naît, il y vit, il y meurt & renaît auſſi-tôt
pour le goûter encore ; mais ce n'eſt pas à
lui ſeul qu'il doit tout ſon mérite. Soumis
aux loix de l'imagination & de la vûe, ſans
elles il ne peut rien, il eſt mou, lâche, petit & n'oſe ſe montrer : avec elles, fier,
ardent, impétueux, il menace, s'élance,
briſe, renverſe tout ce qui oſe lui faire réſiſtance. Attendez, dis-je à la Sœur, l'interrompant, vous oubliez que vous parlez
à une Novice, mes idées ſe perdent dans

votre éloge, je sens que j'adorerai quelque
jour ce Dieu dont vous parlez ; mais il est
encore étranger pour moi ; avant que d'ai-
mer il faut connoître ; proportionnez vos
expressions à la foiblesse de mes connoif-
sances, expliquez-moi d'une maniere simple tout ce que vous venez de me dire. Je
le veux bien, me répondit la Sœur. Le vit
est mou, lâche & petit, quand il est dans
l'inaction ; c'est-à-dire, quand les hommes
ne sont pas excités, ou par la vûe d'une
femme, ou par les idées qui leur en viennent ; mais offrons-nous à leurs yeux, dé-
couvrons la gorge, laissons voir nos tetons, montrons-leur une taille fine, une
jambe dégagée ; les graces d'un joli visage
ne sont pas toujours nécessaires : un rien
les frappe, leur imagination travaille, elle
s'exerce, elle perce, elle va pénétrer toutes les parties de notre corps, elle se fait
les plus beaux portraits, elle donne de la
fermeté à des tetons qui souvent n'en ont
gueres, elle se représente un sein appétif-
fant, un ventre blanc & poli, des cuisses
rondes, potelées, fermes, une petite motte
rebondie, un petit conin entouré de tous
tous les charmes de la jeunesse : ils pensent
alors qu'ils goûteroient des délices inex-
primables, s'ils pouvoient y mettre leur

vit : dans le moment ce vit devient gros, s'allonge, se durcit ; & plus il est gros, plus il est long, plus il est dur, plus il fait de plaisir à une femme, parce qu'il remplit davantage, il frotte bien plus fort, il entre bien plus avant, il produit des délices, des élancemens qui vous ravissent. Ah ! dis-je à Monique, que ne vous dois-je pas ? Je sçais à présent les moyens de plaire, & je ne manquerai pas, dans l'occasion, de me découvrir la gorge, de montrer mes tetons. Prens-y garde, me dit la Sœur, ce n'est pas là le vrai moyen de plaire, il faut plus d'art que tu ne penses : les hommes sont bizarres dans leurs desirs, ils seroient fâchés de devoir à notre facilité des plaisirs qu'ils ne peuvent pourtant pas goûter sans nous : leur jalousie les indispose contre tout ce qui ne vient pas d'eux-mêmes, ils veulent qu'on ne leur présente les objets que couverts d'une gaze légere, qui laisse quelque chose à faire à leur imagination ; & les femmes n'y perdent rien : elles peuvent se reposer sur l'imagination des hommes du soin de peindre leurs charmes : libérale pour ce qui la flatte, elle ne les peindra pas à leur désavantage. Tu ne sçais pas que c'est cette peinture que les hommes se font, qui fait naître leurs desirs, ou l'amour, c'est la

même chofe ; car quand on dit, Monfieur
de .... eft amoureux de Madame...., c'eft
la même chofe que fi l'on difoit, Monfieur de .... a vû Madame...., fa vûe a
excité des defirs dans fon cœur, il brûle
d'envie de lui mettre fon vit dans le con.
Voilà véritablement ce que cela veut dire:
mais comme la bienféance ne veut pas que
l'on dife ces chofes-là, on eft convenu de
dire, Monfieur.... eft amoureux.

Charmée de tout ce que la Sœur me difoit, je ne me fentois que plus d'impatience
de fçavoir le refte de fon Hiftoire : je la
preffai de la continuer. Volontiers, reprit-
elle, nous nous fommes un peu arrêtées,
mais ce détail étoit néceffaire pour ton inf-
truction. Revenons à la furprife que me
caufa la vûe de cette machine que je venois
de ramaffer.

J'avois mille fois ouï parler de godmiché, je fçavois que c'étoit avec cet inftru-
ment que nos bonnes Meres fe confoloient
des rigueurs du célibat. Cette machine imi-
te le vit, elle eft deftinée à en faire les fonctions : elle eft creufe & s'emplit de lait
chaud, pour rendre la reffemblance plus
parfaïte, & fuppléer par ce lait artificiel,
à celui que la nature fait couler du membre d'un homme : quand celles qui s'en fer-

vent se sont mises, par un frottement réitéré, dans la situation d'avoir besoin de quelque chose de plus, elles lâchent un petit ressort, le lait part, & les inonde. Elles trompent ainsi leurs desirs par une imposture dont la douceur leur fait oublier celles de la réalité.

Je jugeai que l'agitation avoit fait tomber ce précieux bijou de la poche de quelqu'une des Meres qui m'étoient venues attaquer. Je n'étois pourtant pas sûre que ce fût véritablement un godmiché, mais mon cœur me le disoit. Cette vûe dissipa toute ma douleur, je ne pensai plus qu'à ce que je tenois dans la main, & je voulus sur le champ en faire l'essai. Sa grosseur m'effrayoit à la vérité, mais elle m'animoit. Mes craintes céderent bientôt à l'ardeur que sa vûe m'inspiroit; une douce chaleur, avant-coureur du plaisir que j'allois goûter, se répandit par-tout mon corps, il trembloit de l'émotion où j'étois, & je poussois de longs soupirs.

Je commençai par bien fermer ma porte, de peur de nouvelle surprise; & sans quitter les yeux de dessus le godmiché, je me deshabillai avec toute l'ardeur d'une jeune mariée, que l'on va mettre dans le lit nuptial. L'idée du secret qui devoit ensevelir les plaiſirs dont j'allois m'enivrer, leur donnoit une pointe de vivacité qui m'enchantoit. Je me jettai ſur mon lit, mon cher godmiché à la main ; mais, ma chere Suzon, quelle fut ma douleur, quand je vis que je ne pouvois pas le faire entrer ! Je me déſeſpérai, je fis des efforts capables de déchirer mon pauvre petit conin, je l'entr'ouvrois, & appuyant le godmiché deſſus, je me faiſois un mal inſupportable. Je ne me rebutai pas. Je crus que ſi je me frottois avec de la pommade, cela m'ouvriroit davantage ; j'en mis : j'étois en ſang, & ce ſang mêlé avec la pommade & ce que la fureur où j'étois faiſoit ſortir de mon con avec un plaiſir qui me tranſportoit, auroit ſans doute ouvert le paſſage, ſi l'inſtrument n'eût été d'une groſſeur prodigieuſe : je voyois le plaiſir près de moi, & je n'y pouvois atteindre ; j'étois forcenée, je redoublois mes efforts, mais inutilement : le godmiché maudit rebondiſſoit, & ne me laiſſoit que la douleur. Ah ! m'écriai-je, ſi Verland étoit ici, l'eût-il encore plus gros, je me ſens aſſez de courage pour le ſouffrir ! Oui, je le ſouffrirois, je le ſeconderois, dût-il me déchirer, duſſai-je en mourir, je mourrois contente pourvu qu'il me le mît. S'il me faiſoit de la douleur, reprenois-je

que les plaisirs qu'il me donneroit ren-
droient cette douleur bien douce ! Je le
tiendrois dans mes bras , je le serrerois
étroitement, il me serreroit de même , je
collerois sur sa bouche vermeille des baisers enflammés, je les prodiguerois sur ses
yeux , ses beaux yeux noirs & pleins de feu,
il me tiendroit dans ses bras ! quelle volupté ! Il répondroit à mes transports par
des transports aussi vifs ! j'en ferois mon
idole ! Oui, je l'adorerois ! un beau garçon
comme lui mérite bien de l'être. Nos ames
se confondroient, elles s'uniroient sur nos
levres brûlantes. Ah ! cher Verland , pourquoi n'es-tu pas ici ? Quelles délices ! L'a-
mour en inventeroit pour nous, je me li-
vrerois à tout ce que ma passion m'inspire-
roit. Mais, hélas ! reprenois-je , pourquoi
m'abuser par une si douce illusion ? Je suis
seule, hélas ! je suis seule, & pour comble
de douleur, je tiens dans mes mains une
ombre, une apparence de plaisir, qui ne
sert qu'à augmenter mon désespoir, qui
m'inspire des desirs sans pouvoir les satisfaire. Instrument maudit, continuai-je , en
apostrophant le godmiché & en le jettant
au milieu de ma chambre avec rage, va
faire les délices d'une malheureuse à qui tu
peux servir, tu ne feras jamais les miennes,

mon doigt vaut mille fois mieux que toi.
J'y eus auffi-tôt recours, & je me donnai
tant de plaifir, que j'oubliai la perte de ceux
que je m'étois promis d'avoir avec le godmiché. Je tombai épuifée de laffitude, &
je m'endormis en penfant à Verland.

Je ne me réveillai le lendemain que fort
tard : le fommeil avoit amorti mes tranfports amoureux, mais n'avoit rien changé
à la réfolution que j'avois prife de fortir
du couvent. Les mêmes raifons qui m'a-
voient déterminée à prendre cette réfolution, me firent encore fentir avec plús de
force la néceffité de l'exécuter. Je me regardai dès-lors comme libre, & le premier
ufage que je fis de ma liberté, fut de me
tranquillifer au lit jufqu'à dix heures ; la
cloche eut beau fonner, je ne parus pas : je
m'applaudiffois du dépit que ma défobéif-
fance devoit caufer à nos vieilles. Je me
levai à la fin, je m'habillai ; & pour me mettre dans l'obligation de fuivre mon deffein, je commençai par déchirer mon voile
de Penfionnaire, que je regardois comme
une marque de fervitude : je me fentis le
cœur plus libre, il me fembloit que je venois de franchir une barriere qui jufques-
là s'étoit oppofée à ma liberté. Mais comme
j'allois & je venois dans ma chambre, ce
maudit

maudit godmiché se présente encore à mes yeux. Cette vûe me rend immobile, je m'arrête, je le prends; je vais m'asseoir sur mon lit, je me mets à considérer l'instrument. Qu'il est beau! disois-je, en le prenant avec complaisance dans la main : qu'il est long! qu'il est doux! c'est dommage qu'il soit si gros; à peine ma main peut-elle l'empoigner. Mais il m'est inutile.... non, jamais il ne pourra me servir, continuai-je, en levant ma jupe, & en essayant de nouveau de le faire entrer dans un endroit qui me faisoit encore une douleur cuisante des efforts que j'avois fait la veille: j'y trouvai les mêmes difficultés, & il fallut encore me contenter de mon doigt. Je travaillai avec tout le courage que la vûe de l'instrument m'inspiroit, & je poussai les choses au point, que les forces me manquant, je demeurai insensible au plaisir même que je me donnois; ma main n'alloit plus que machinalement, & mon cœur ne sentoit rien. Ce dégoût momentané me fit naître une idée qui me flatta beaucoup. Je vais sortir, me dis-je, je n'ai plus rien à ménager, sortons avec éclat: je veux porter cet instrument à la Mere Supérieure, nous verrons comment elle soutiendra cette vûe.

H

Je jouiſſois d'avance, en allant à l'appartement de la Supérieure, de la confuſion
que j'allois lui cauſer en lui montrant le
godmiché. Je la trouvai ſeule, je l'abordai
d'un air libre : Je ſçais bien, lui dis-je,
Madame, qu'après ce qui s'eſt paſſé hier,
& l'affront que vous avez voulu me faire,
je ne peux plus reſter avec honneur dans
votre couvent ; elle me regardoit avec
ſurpriſe & ſans me répondre, ce qui me
donna la liberté de continuer : Mais, Madame, ſans en venir à de pareilles extrémités, ſi javois fait une faute, & ceſt de
quoi je ne conviens pas, puiſque la violence que l'indigne Verland me faiſoit,
m'ôtoit la liberté de me défendre, vous
auriez pu vous contenter de me faire une
réprimande: quoique je ne l'euſſe pas mé-
ritée, je l'aurois ſoufferte & je me ſerois
bornée à gémir ſans me plaindre, puiſque les apparences parloient contre moi.
Une réprimande, Mademoiſelle, me répondit-elle alors ſéchement, une réprimande pour une action comme la vôtre !
vous méritiez une punitione xemplaire ; &
ſans les égards que nous avons pour Madame votre mere, qui eſt une ſainte Dame,
vous.... Vous ne puniſſez pas toutes les
coupables, interrompis-je vivement, &

par
sio
t l
rda
je
ier
ire
lan
ave
i m
Ma
tré
t d
vio
oit
vou
un
mé
rou
uif
mo
ré
pri
tre
e; à
Ma
ame
s le

vous en avez dans le couvent qui font bien
autre chofe. Bien autre chofe, reprit-elle,
nommez-les-moi, je les châtierai. Je ne
vous les nommerai pas lui répondis-je,
mais je fçais qu'il y en avoit une parmi
celles qui m'ont hier traitée avec tant d'indignité. Ah ! s'écria-t'elle, c'eft pouffer
trop loin l'effronterie, c'eft pouffer la cor-
ruption du cœur & le déréglement de l'efprit jufqu'où ils peuvent aller ! Jufte Ciel !
joindre la calomnie aux actions les plus cri-
minelles, accufer les plus faintes de nos
Meres, des exemples de vertu, de chafteté
& de pénitence : quelle dépravation de
cœur ! Je lui laiffai tranquillement achever fon éloge ; & quand je vis qu'elle s'arrêtoit, je tirai froidement le godmiché de
deffous ma robe, & le lui préfentant : Voilà,
lui dis-je du même air, une preuve de leur
fainteté, de leur vertu, de leur chafteté,
ou du moins de l'une d'elles. J'examinois
pendant ce tems-là le vifage de notre bonne Supérieure. Elle me regardoit, elle rougiffoit, elle étoit interdite : ces témoignages involontaires ne me laifferent pas douter que le godmiché ne fût à elle ; j'en fus
encore plus convaincue par fon ardeur à
me l'ôter des mains. Ah, ma chere enfant,
me dit-elle, (la reftitution que je venois

de lui faire m'avoit réconciliée avec elle)
ah, ma chere fille, se peut-il que dans une
maison où il y a tant d'exemples d'édification, il se trouve des ames assez abandon-
nées de Dieu pour faire usage d'une pareille infamie ! Ah, mon Dieu, j'en suis
toute hors de moi ! Mais, ma chere fille,
ne dites jamais que vous avez trouvé cela,
je serois forcée d'user de sévérité, de faire
des recherches, & je veux prendre le parti
de la douceur. Mais vous, ma chere enfant, pourquoi voulez-vous nous quitter?
Allez, retournez à votre chambre, je rac-
commoderai tout, je dirai qu'on s'est trompé, comptez sur mon affection ; car je vous
aime beaucoup. Soyez sûre qu'on ne vous
en verra pas de plus mauvais œil, malgré
ce qui s'est passé. Je vois bien qu'effectivement nous avons eu tort de vous traiter
comme cela, vous n'étiez pas coupable : je
parlerai sur le bon ton à Mademoiselle
Verland. Jesus mon Dieu, continuoit-elle
en regardant le godmiché, que le démon
est malin ! je crois, le Ciel me pardonne,
que c'est un.... Ah, la vilaine chose !

Au moment que la Supérieure achevoit
ces mots, ma mere entra. Qu'ai-je donc
appris, Madame, dit-elle à la Supérieure?
Et sur le champ, m'adressant la parole : Et

vous, Mademoiselle, pourquoi vous trouvez-vous ici? Il falloit répondre, j'étois déconcertée, je rougissois, je baissois les yeux, on me pressa, je bégayai. La Supérieure prit la parole pour moi : elle le fit avec esprit. Si elle ne me donna pas toutà-fait le tort dans la conduite qu'on avoit tenue avec moi, elle ne me chargea pas assez pour faire croire que je fusse bien coupable : ma faute passa pour une imprudence où le cœur n'avoit eu aucune part, pour une violence de la part d'un jeune téméraire, que l'on promit bien de ne plus laisser revenir à la grille, & on conclut qu'il n'y avoit que Mademoiselle Verland de criminelle, puisque c'étoit elle qui avoit fait éclater une chose qu'elle devoit taire, si ce n'étoit pour l'honneur de son frere, du moins pour le mien, qui pourtant n'en souffriroit point; parce que, dit la Supérieure, elle vouloit réparer l'insulte que l'on m'avoit faite. Je n'en pouvois pas souhaiter davantage; je sortois blanche comme neige d'une aventure, où, sans me faire injure, on pouvoit mettre le tort de mon côté, mais je n'avois garde d'en tomber d'accord : ma mere me plaignit, & me parla avec une douceur qui me toucha.

Les ames zélées pour la gloire de Dieu,

sçavent tirer profit de tout : il fut arrêté
entre la Supérieure & ma mere, qu'ayant
eu le malheur de scandaliser, quoiqu'invo-
lontairement, mon prochain, je devois me
réconcilier avec le Pere des miséricordes,
& m'approcher du très-saint Sacrement de
la Pénitence. On me fit là-dessus bien des
exhortations que je passe pour ne pas t'en-
nuyer.

Ma mere m'avoit presque convertie avec
ses sermons : cependant la peine que je
sentois à avouer mes fautes auroit dû me
faire douter de ma conversion, & le Pere
Jérôme m'en arrachoit la confession plutôt que je ne la lui faisois. Dieu sçait quel
plaisir il avoit, ce vieux pécheur ! je ne lui
en avois jamais tant dit, encore ne sçut-il
pas tout ; car je ne crois pas que Dieu puisse
faire un grand crime à une pauvre fille de
chercher à se soulager quand elle est pressée : elle ne s'est pas faite elle-même, est-ce
sa faute si elle a des desirs, si elle est amoureuse ? Est-ce sa faute si elle n'a pas un mari
pour la contenter ? Elle cherche à appaiser
ces desirs qui la dévorent, ce feu qui la
brûle ; elle se sert des moyens que la nature lui donne, rien n'est moins criminel.

Malgré les petits mysteres que j'avois fait
au Pere Jérôme, je ne laissois pas d'être

rê
yan
vo
s-n
de
t d
d
l'en

vo
e
t m
Pen
plu
qu
l'h
m
f
to
nan
sic
à l
na-
nel
fan
tre

pénétrée. Etoit-ce repentir ? Non , la véritable cause étoit le refus que le Pere avoit fait de me donner l'absolution. Je craignois qu'il ne fournît une nouvelle matiere à la médisance; j'en étois touchée jusqu'aux larmes: je craignois qu'en allant offrir ma confusion aux yeux de mes ennemies, je ne leur donnasse un nouveau sujet de triompher. J'allai me placer sur un prie-dieu vis-à-vis de l'autel, mes pleurs m'assoupirent, je m'endormis. J'eus pendant mon sommeil le rêve le plus charmant: je songeai que j'étois avec Verland, qu'il me tenoit dans ses bras, qu'il me pressoit avec les cuisses; j'écartois les miennes, je me prêtois à tous ses mouvemens, il me manioit les tetons avec transport, les serroit, les baisoit: l'excès du plaisir me réveilla. J'étois réellement dans les bras d'un homme, encore toute occupée des délices de mon songe; je crus que mon bonheur changeoit l'illusion en réalité; je crus être avec mon amant, ce n'étoit pas lui: on me tenoit étroitement embrassée par derriere. Au moment que j'ouvris les yeux, je les refermai de plaisir, & je n'eus pas la force de regarder celui qui me le donnoit. Je me sentis inondée d'une liqueur chaude, & quelque chose de dur & de brûlant, que

l'on m'enfonçoit en jettant des soupirs;
je soupirois aussi, & dans le moment une
liqueur semblable que je sentois s'échapper de toutes les parties de mon corps, avec
des élancemens délicieux, se mêlant avec
celle que l'on répandoit une seconde fois,
me fit retomber sans mouvement sur mon
prie-dieu.

Ce plaisir qui, s'il duroit toujours, seroit plus piquant mille fois que celui qu'on
goûte dans le Ciel, hélas! ce plaisir finit
trop tôt. Je fus saisie de frayeur en pensant
que j'étois seule pendant la nuit dans le
fond d'une église: avec qui? Je ne le sçavois pas, je n'osois m'en éclaircir, je n'o-
sois remuer, je fermois les yeux, je tremblois: mon tremblement augmenta encore
quand je sentis qu'on me pressoit la main,
& qu'on la baisoit; le saisissement m'empêcha de la retirer, je n'en avois pas la hardiesse; mais je me rassurai un peu en entendant dire à mes oreilles, d'une voix
basse: *Ne craignez rien, c'est moi.* Cette
voix que je me souvenois confusément d'a-
voir entendue, me rendit le courage, &
j'eus la force de demander qui c'étoit, sans
pourtant avoir celle de regarder. Hé, c'est
Martin, me répondit-on, le valet du
Pere Jérôme: cette déclaration dissipa ma
frayeur,

frayeur, je ne craignis plus de lever les yeux, je le reconnus. Martin étoit un petit blond, éveillé, joli, amoureux : ah, qu'il l'étoit ! Il trembloit à son tour, & attendoit ma réponse pour fuir ou me baiser encore : je ne lui en fis pas, mais je le regardai d'un air riant, avec des yeux qui se ressentoient encore du plaisir que je venois de goûter. Il vit bien que ce n'étoit pas un signe de colere, il se jetta dans mes bras avec passion, je le reçus de même, & sans penser que si quelqu'un s'appercevant que je manquois dans le couvent, pourroit venir & nous trouver ensemble.... Te dirai-je ? l'amour rend tout excusable : sans respect pour l'autel, sur les marches duquel nous étions, Martin me pencha un peu, me leva les jupes, me porta la main par-tout : aussi passionnée que lui, je portai la mienne à son vit ; j'eus, pour la premiere fois de ma vie, le plaisir d'en manier un. Ah ! que le sien étoit joli ! petit, mais long, & tel qu'il me le falloit. Quel feu, quelle démangeaison voluptueuse se coula sur le champ par-tout mon corps ! J'étois muette, je serrois ce cher vit dans ma main, je le considérois, je le caressois, je l'approchois de mon sein, je le portois à ma bouche, je le suçois, je l'aurois avalé. Martin avoit

I

le doigt dans mon con, le remuoit doucement, le tiroit, le remettoit, & renouvel-
loit ainſi mes plaiſirs à chaque inſtant: il
me baiſoit, me ſuçoit le ventre, la motte
& les cuiſſes: il les quittoit pour porter des
levres brûlantes ſur ma gorge. Je fus en
un moment toute couverte de ſes baiſers.
Je ne pus pas tenir contre ces attaques de
plaiſir; je me laiſſai tomber, l'attirant doucement à moi avec mon bras droit, dont
je le ſerrois amoureuſement; je le baiſois à
la bouche, tandis que de la main gauche,
tenant l'objet de tous mes vœux, je tâchois
de me l'introduire & de me procurer un
plaiſir plus ſolide. Un égal tranſport le fit
coucher ſur moi, il ſe mit à pouſſer. Arrête, lui dis-je d'une voix entrecoupée par
mes ſoupirs, arrête, mon cher Martin, ne
vas pas ſi vîte, reſtons un moment. Auſſi-
tôt me coulant ſous lui, & écartant les cuiſſes le plus qu'il m'étoit poſſible, je joignis
les jambes ſur ſes reins; mes cuiſſes étoient
collées contre ſes cuiſſes, ſon ventre contre mon ventre, ſon ſein contre mon ſein,
ſa bouche ſur ma bouche, nos langues
étoient unies, nos ſoupirs ſe confondoient.
Ah! Suzon, quelle charmante poſture; je
ne penſois à rien au monde, pas même au
plaiſir que j'avois, je n'étois occupée qu'à

le fentir. L'impatience m'empêcha de le
goûter plus long-tems, je fis un mouvement, Martin en fit autant, & notre bonheur s'évanouit; mais avant que de le perdre, nous fentîmes combien il étoit grand:
il fembloit qu'il eût ramaffé fes traits les
plus vifs & les plus raviffans, pour nous en
accabler; nous reftâmes fans fentiment,
nous n'ouvrîmes les yeux que pour nous
preffer de nouveau; le plaifir fe refufoit à
nos efforts.

Il eft tems, pourfuivit Monique, de t'apprendre, Suzon, ce que c'étoit que cette
eau-bénite dont le Pere Jerôme t'arrofa un
jour la gorge en te donnant l'abfolution.

Ma premiere action, quand Martin fut
retiré de mes bras, fut de porter la main
où j'avois reçu les plus grands coups; le
dedans, le dehors, tout étoit couvert de
cette liqueur dont l'effufion m'avoit fait
tant de plaifir; mais elle avoit perdu toute
fa chaleur & étoit froide alors comme la
glace, c'étoit du foutre: on appelle ainfi
une matiere blanche & épaiffe, qui fort du
vit ou du con quand on décharge. La décharge eft l'action qui fuit ce frottement
voluptueux par où l'on prélude. Comment,
dis-je à Monique, c'en étoit donc que vous
répandiez tout-à-l'heure? Oui vraiment,

me dit-elle, & tu m’en as donné auffi, petite friponne : n’as-tu pas fenti ton petit
conin tout mouillé? c’en étoit. Mais, ma
chere petite, le plaifir que tu as fenti eft
mille fois au-deffous de celui qu’on goûte
dans les bras d’un homme : car ce qu’il nous
donne fe mêlant avec ce que nous lui don-
nons, il rentre, nous pénétre, nous enflamme, nous rafraîchit, nous brûle. Quelles délices, Suzon ; ah ! ma chere Suzon,
elles font au-deffus de l’expreffion, au-
deffus de l’imagination même ! Mais écoute
le refte de mon aventure, pourfuivit-elle.

J’étois bien chiffonnée, comme tu peux
croire, après l’exercice amoureux que je
venois de faire : je me remis le mieux qu’il
me fut poffible, & je demandai à Martin
quelle heure il étoit ? Oh, il n’eft pas tard,
me répondit-il, & je viens d’entendre la
cloche du fouper. Je me pafferai bien d’y
aller, repris-je, je vais vîte me coucher ;
mais avant que je te quitte, apprends-moi,
mon cher Martin, par quel hazard tu t’es
trouvé ici, comment as-tu ofé me venir....
Oh, pardi, me répondit-il, ce n’eft pas la
hardieffe qui me manque ; mais vla commé
ça a été. J’étois venu pour parer l’Eglife,
car, comme vous fçavez, c’eft demain
bonne fête : je vous ai apperçue : M’eft avis,

ai-je dit à part moi, en vous reluquant, que vla une Demoifelle qui prie bian le bon Dieu! Pardi, ce me fuis-je fait, y faut qu'alle ait bian la rage de la dévotion, pour s'en venir à ftheure-ci dans l'églife, pendant que tretoutes prennent leurs béquées! Mais ne dormiroit-elle pas auffi, ce me fuis-je dit, voyant qu'ous ne bronchiez ni pied ni patte? Pardi, je le croirais bian; voyons un peu ça. Je me fuis ftapendant approché tout fin près de vous, & j'ai vû qu'ous dormiais. Je fis refté là un petit bout de tems à vous lorgner, & pendant ce tems-là mon cœur faifoit tic toc, tic toc. Le guiable eft bian fin: Martin, m'a-t-il corné aux oreilles, alle eft bian jolie au moins, vla un biau coup à faire, mon enfant; fi tu laif-fes échapper ftoccafion-là, tu ne la retrou-veras pas; avife-toi, Martin. Pardi, je me fis avifé tout de fuite: j'ai levé tout dou-cement voutre colerette, & j'ai vû deux petits tetons bian blancs; pardi, j'ai mis la main deffus, & pis je les ai baifé auffi tout doucement; & pis voyant qu'ous dormiais comme un fabot, j'ai eu envie de faire au-tre chofe; & ftautre chofe-là, je l'ai faite en vous trouffant bravement voutre cotil-lon par derriere; & pis j'ai pouffé; & pis, dame, vous fçavez le refte.

Malgré son langage grossier, l'air d'in-
génuité avec lequel Martin s'expliquoit,
me charmoit. Hé bien, lui dis-je, mon cher
ami, as-tu bien eu du plaisir? Oh! pardi,
me répondit-il en m'embrassant, j'en ai tant
eu que je fis prêt à recommencer, si vous
voulez. Non pas pour le présent, lui dis-
je, peut-être s'appercevroit-on de quelque
chose ; mais tu as la clef de l'église, si tu
veux venir demain à minuit, tiens la porte
ouverte, je viendrai te trouver, entends-
tu, Martin? Oh, morgué, me répondit-il,
c'est bian dit, nous nous en donnerons à
cœur joie, nous n'aurons pas d'espions à
stheure-là. Je l'assurai que je m'y trouverois. La réflexion me fit résister à mon envie & aux prieres de Martin, qui vouloit
que nous fissions cela encore une petite
fois, disoit-il, avant que de nous quitter.
Mon refus l'auroit plongé dans la tristesse,
si je ne l'eusse consolé par l'espérance du
lendemain : nous nous embrassâmes, je rentrai dans le couvent, & je regagnai heureusement ma chambre sans avoir été apperçue.

Tu devineras facilement que je mourois
d'impatience de me visiter, & de sçavoir
en quel état j'étois après les assauts que je
venois d'essuyer. Je sentois une vive cuis-

ſon, à peine pouvois-je marcher : j'avois
pris une lumiere au dortoir, je tirai bien
mes rideaux pour n'être vûe de perſonne,
& m'étant aſſiſe ſur ma chaiſe, une jambe
ſur mon lit & l'autre ſur le plancher, je
fis mon examen : quelle fut ma ſurpriſe,
lorſque je trouvai que mes levres, qui auparavant étoient ſi fermes & ſi rebondies,
étoient devenues toutes molles & comme
flétries ; les poils qui les couvroient, quoiqu'ils ſe reſſentiſſent encore de l'humidité,
formoient d'eſpace en eſpace mille petites
boucles : l'intérieur étoit d'un rouge vif
& enflammé, il étoit d'une ſenſibilité extrême, la démangeaiſon m'y faiſoit porter
le doigt, & ſur le champ la douleur me
forçoit de le retirer : je me frottois contre
le bras de mon fauteuil, & je le couvrois
des marques de la vigueur de Martin : le
plaiſir combattoit contre la fatigue ; mais
mes yeux s'appéſantiſſoient inſenſiblement. Je me couchai, & je dormis d'un
ſommeil qui ne fut interrompu que par des
ſonges charmans qui me rappelloient les
délices que j'avois goûtés.

On ne me dit rien le lendemain ſur mon
abſence, on la regarda comme un reſte du
reſſentiment que je devois avoir du traitement que l'on m'avoit fait. Je gardai un

air fier qui confirma cette penſée. J'aſſiſtai
comme les autres à l'office : toutes mes compagnes communieréht, moi je ne commu-
niai pas ; & , à te dire vrai , je m'étois miſe
au-deſſus de la honte de ne pas ſuivre leur
exemple. L'amour diſſipe bien des préjugés : la préſence de mon petit amant, que
je voyois roder dans l'égliſe , me dédom-
mageoit aſſez. Plus d'une , parmi mes compagnes , auroit bien quittée au même prix
la nourriture ſpirituelle où elles couroient.

Je jettois ſur mon amant plus de regards
amoureux que je n'en jettois de dévotion
ſur l'autel. Aux yeux d'une femme du monde , Martin n'auroit été qu'un poliçon ; à
mes yeux c'étoit l'Amour même ; il en avoit
la jeuneſſe , il en avoit toutes les graces:
la connoiſſance de ſon mérite caché me
faiſoit paſſer légerement ſur la négligence
de ſon extérieur ; je m'apperçus cependant
qu'il s'étoit accommodé ce jour-là , & qu'il
tâchoit de ſe donner meilleur air qu'à l'ordinaire. Je lui ſçus bon gré de ſon attention, que j'aimai mieux attribuer à l'envie
de me plaire, qu'au mérite de la fête qu'on
célébroit. Rien n'échappe aux yeux d'une
amante ; je le voyois qui jettoit les yeux
du côté des Penſionnaires & tâchoit de me
découvrir. Je ne voulois pas qu'il me re-

connût,

connût, j'avois foin de me cacher; mais j'aurois été fâchée qu'il n'eût pas pris cette peine inutile : que veux-tu, j'en étois amoureufe, mais amoureufe à la rage. Juges fi j'attendis avec impatience que la nuit fût venue pour lui tenir la parole que je lui avois donnée.

Elle vint enfin cette nuit fi ardemment fouhaitée, minuit fonna. Ah ! que je fentis alors de trouble ; je ne traverfai le corridor qu'en tremblant ; & quoique tout le monde fût enfoncé dans le fommeil, je croyois les yeux de tout le monde ouverts fur moi. Je n'avois, pour me conduire, d'autre lumiere que celle de mon amour. Ah, difois-je, en marchant à tâton dans l'obfcurité, fi Martin m'avoit manqué de parole, j'en mourrois de douleur ! Il étoit au rendez-vous, mon cher Martin, auffi amoureux, auffi impatient que j'avois été ponctuelle. J'étois vêtue fort légérement, il faifoit chaud, & je m'étois apperçue la veille que les jupes, les corps, les mouchoirs de gorge, tout cela étoit trop embarraffant. Si-tôt que je fentis la porte ouverte, un treffailliffement de joie me coupa la parole : je ne la recouvrai que pour appeller mon cher Martin à voix baffe ; il m'attendoit, il accourut dans mes bras,

K

il me baifoit, je lui rendois careffes pour careffes. Nous nous tînmes long-tems étroitement ferrés ; mais revenus de ces premiers mouvemens de notre joie, nous cherchâmes réciproquement à en exciter de plus grands ; je portai la main à la fource de mes plaifirs, il porta la fienne où il fçavoit que je l'attendois avec impatience. Il fut bientôt en état de la contenter ; il fe deshabilla, me fit un lit de fes habits, je me couchai deffus, nos plaifirs fe fuccéderent pendant deux heures avec une rapidité, avec des renouvellemens de vivacité qui ne me laiffoient pas le tems de les defirer. Nous nous y livrions comme fi nous ne les euffions pas encore goûtés, comme fi nous ne dûffions plus les goûter. Dans le feu du plaifir on ne fonge gueres à ménager les moyens de l'entretenir. L'ardeur de Martin ne répondoit plus à la mienne, il fallut s'arracher des bras de l'amour, il fallut fe retirer.

Notre bonheur ne dura gueres plus d'un mois, & j'y comprends le tems que la néceffité faifoit donner au repos. Quoiqu'il ne fût pas rempli par le plaifir de voir mon amant, il l'étoit par celui de penfer à lui, & par les agréables idées qui difpofoient mon cœur aux délices que fa préfence ramenoit. Ah ! que les nuits heureuses que j'ai passées dans ses bras, ont coulées rapidement, & que celles qui les ont suivies ont été longues !

Redouble ton attention, ma chere Suzon, redouble-moi tes promesses de m'être toujours fidelle, & de ne jamais révéler un secret que je n'ai jamais confié qu'à toi. Ah, Suzon qu'il est dangereux d'écouter un penchant trop flatteur, & de s'y livrer sans réflexion ! Si les plaisirs que j'avois goûtés étoient délicieux, l'inquiétude qui les suivit me les fit payer bien cher. Que je me repentis d'avoir été trop amoureuse ! Les suites de ma foiblesse se présenterent à mon imagination avec des circonstances affreuses ; je pleurai, je gémis. Que vous arriva-t'il donc, lui demandai-je ? Je m'apperçus, me répondit-elle, que mes regles ne couloient plus ; il y avoit huit jours que le tems de les avoir étoit passé, elles ne paroissoient pas, j'en fus surprise : j'avois souvent ouï dire que cette interruption étoit un signe de grossesse ; j'étois continuellement attaquée de maux de cœur, de foiblesses. Ah, m'écriai-je, il n'est que trop vrai ! Malheureuse ! Hélas, je le suis, il n'en faut plus douter, je suis grosse ! Un torrent de larmes succédoit à ces accablantes réflexions. Vous étiez groffe, dis-je à la Sœur avec étonnement! Ah, chere Monique! hé, comment avez-vous fait pour en dérober la connoiffance à des yeux intéreffés? Je n'eus, me répondit-elle, que la douleur de fçavoir mon malheur, & non celle d'en effuyer les fuites, Martin l'avoit caufé, il m'en délivra. La découverte que j'avois faite ne m'empêchoit pas de me rendre toujours à nos rendez-vous; j'étois inquiéte, j'étois tremblante, mais j'étois encore plus amoureufe; le poids victorieux du plaifir m'entraînoit: qu'en peut-il arriver davantage, mon malheur eft à fon comble? Que ce qui me l'a caufé ferve du moins à m'en confoler.

Une nuit, après avoir reçu de Martin ces témoignages d'un amour ordinaire qui ne fe ralentiffoit pas, il s'apperçut que je foupirois triftement, & que ma main, qu'il tenoit dans la fienne, étoit tremblante, (quand ma paffion étoit fatisfaite, l'inquiétude reprenoit dans mon cœur la place que l'amour y occupoit un moment avant) il me demanda avec empreffement la caufe de mon agitation, & fe plaignit tendrement du myftere que je lui faifois de mes peines. Ah, Martin, lui dis-je, mon cher Martin, tu m'as perdue! Ne dis pas que mon amour pour toi n'eſt plus le même, j'en porte dans mon ſein une preuve qui me déſeſpere : je ſuis groſſe ! Une pareille nouvelle le ſurprit. L'étonnement fit place à une profonde rêverie, je ne ſçavois qu'en penſer. Martin étoit toute mon eſpérance dans cette circonſtance cruelle, il balançoit, que devois-je en penſer ? Peut-être, diſois-je, abattue par ſon ſilence, peut-être médite-t'il ſa fuite ? Il va m'abandonner à mon déſeſpoir. Ah, qu'il reſte, j'aime mieux perdre la vie en l'aimant, que mourir faute de le haïr ! Je verſois des larmes, il s'en apperçut. Auſſi tendre, auſſi fidele que je craignois de le voir perfide, tandis que je le croyois occupé du ſoin de ſe dérober à mon amour, il ne l'étoit que de celui de tarir mes pleurs en me délivrant de leur cauſe. Il m'annonça, en m'embraſſant avec tendreſſe, qu'il en avoit trouvé le moyen. La joie que me cauſa cette promeſſe, n'égala pas celle de m'être trompée dans mes ſoupçons : il me rendoit la vie. Charmée des aſſurances qu'il me donnoit, je fus curieuſe de ſçavoir quel étoit ce moyen qu'il prétendoit employer pour me délivrer de mon fardeau ; il me dit qu'il vouloit me donner d'une boiſſon qui étoit dans le cabinet de ſon Maître,

& dont la Mere Angelique avoit fait l'expérience avant moi. Je voulus sçavoir ce que le Pere Jérôme pouvoit avoir de particulier avec cette Mere ; je la haïssois mortellement, parce qu'elle avoit paru une des plus animées contre moi le jour de l'aventure de la grille. Je l'avois toujours prise pour une vestale : que je me trompois ! D'autant plus sévere, qu'elle sçavoit mieux déguiser son caractere vicieux, qu'elle voiloit, sous les apparences de la vertu, ses inclinations corrompues : elle étoit en intrigue réglée avec le Pere Jérôme. Martin m'en apprit toutes les circonstances : il me dit qu'en furetant dans les papiers de son Maître, il avoit trouvé une Lettre où elle lui marquoit qu'elle se trouvoit, pour l'avoir trop écouté, dans le même embarras où je me trouvois pour avoir trop écouté Martin ; que le Pere lui avoit envoyé une petite fiole de cette liqueur dont je devois user ; que la Mere, en recevant le présent, avoit parue transportée de joie ; & qu'il avoit trouvé une seconde Lettre par laquelle elle marquoit à son vieil amant, que la liqueur avoit fait merveilles ; qu'on n'avoit plus aucune incommodité, & qu'on étoit prête à recommencer. Ah, mon cher ami, dis-je à Martin, apporte-moi dès demain de cette liqueur, tu me tireras de toutes mes peines; &, portant mes vûes plus loin, je crus que par le moyen de ces Lettres, je pourrois servir ma vengeance & ma haine contre la Mere Angélique: je les demandai à Martin, qui, ne sentant pas combien cette imprudence nous coûteroit cher, crut me marquer son amour en me les apportant le lendemain avec ce qu'il m'avoit promis.

J'avois fait réflexion que la lumiere pourroit me trahir, si on en appercevoit dans ma chambre à pareille heure. Je modérai l'impatience où j'étois de lire les Lettres de la Mere; j'attendis que le jour parût, il vint: je lus. Elles étoient écrites d'un style passionné, & aussi peu mesuré, que la figure & les manieres de celle qui les avoit écrites l'étoient beaucoup: elle y peignoit sa fureur amoureuse avec des traits, avec des expressions, dont je ne l'aurois jamais crue capable; enfin elle ne se gênoit pas, parce qu'elle comptoit que le Pere Jérôme auroit la précaution, comme elle lui marquoit, de brûler ces Lettres: il avoit eu l'imprudence de n'en rien faire, & je triomphois. Je songeai long-tems de quelle maniere je devois me servir de ces Lettres pour perdre mon ennemie. Les rendre moi-même à la Supérieure, il n'y avoit pas d'apparence, c'étoit une démarche trop dangereuse pour moi; il auroit fallu rendre compte de la façon dont je les avois eues; les faire rendre par quelqu'un, ç'auroit été l'expoſer à des queſtions, dont il ne ſeroit peut-être pas ſorti à ſon honneur, & qui auroient pu entraîner ma perte. Je choiſis un autre parti, qui fut de les porter moi-même à la porte de la Supérieure, au moment que je ſçaurois qu'elle devoit rentrer. Je m'arrêtai à cette idée, imprudente que j'étois : je devois brûler ces Lettres : que de chagrins je m'apprêtois, je m'enlevois mon amant! Cette réflexion, ſi elle me fût venüe, auroit éteint mon reſſentiment; quelque douceur que la vengeance me préſentât, auroit-elle un moment balancé la douleur de perdre Martin? Non, il m'étoit mille fois plus précieux que ce qui me flattoit le plus dans ce moment. Je ne remis l'exécution de mon projet que juſqu'au tems que je ſerois hors de danger : je le fus bientôt. J'avois demandé à Martin une treve de huit jours, elle n'étoit pas encore expirée : je crus pouvoir alors exécuter le deſſein que j'avois formé, il eut tout l'effet que j'en pouvois attendre, la Supérieure trouva les Lettres, fit venir la Mere Angélique,

gélique, & la convainquit. Peut-être la réflexion eût-elle obtenu sa grace, si un crime plus grand, & que les femmes ne pardonnent jamais, la rivalité, n'eût rendu sa punition nécessaire pour le repos de la Supérieure ; car quoiqu'elle ne manquât pas, comme je te l'ai dit, de ces secours capables d'émousser la pointe des éguillons de la chair, il est bien difficile, quand on a grand appétit, de s'en tenir à cette nourriture artificielle, qui charme la faim sans la calmer.

Un godmiché n'est, à proprement parler, qu'un secret pour endormir le tempérament : mais son sommeil n'est pas de longue durée, il se réveille ; &, furieux de la tromperie qu'on lui a faite, il ne s'appaise que par la réalité.

La Supérieure étoit dans ce cas : une fille qui a acquis quelques connoissances dans les mystères de l'amour, voit clair dans une intrigue. Si les objets lui manquent, l'imagination y supplée, elle s'aigrit des difficultés qu'on lui oppose, elle perce & va quelquefois plus loin que la réalité ; mais avec un homme, avec une femme du caractere de la Supérieure, du caractere du Pere Jérôme, je craignois moins d'en trop penser, que de n'en pas penser assez. La

L

liaiſon qui régnoit entr’eux, ne me laiſſoit pas douter que le Directeur ne parta-
geât ſecrétement ſes conſolations ſpirituel-
les entre elle & la Mere Angélique. La
promptitude du châtiment de celle-ci,
confirma mes ſoupçons : elle alla bientôt
expier dans la ſolitude d’une chambre obſ-
cure, le crime de m’avoir déplu, & d’avoir
voulu enlever à la Supérieure le cœur d’un
amant confirmé dans ſes bonnes graces.

Je ne fus pas long-tems à me repentir
de ce que j’avois fait : je m’étois toujours
flattée que l’orage ne tomberoit que ſur la
Mere Angélique, il alla plus loin. Le Directeur outré de ſe voir enlever ſa maîtreſſe
favorite, ſoupçonna mon amant d’être la
cauſe de ſon malheur ; il ne pouvoit ſacri-
fier que lui à ſon reſſentiment, il le fit, le
chaſſa, & je ne l’ai pas revû depuis.

Voilà mon hiſtoire, ma chere Suzon,
pourſuivit la Sœur Monique : je ne te re-
commande pas le ſecret, tu es intéreſſée à
le garder, te voilà aſſociée à mes plaiſirs ;
hélas ! je n’en ai preſque pas goûté depuis
que j’ai perdu mon amant ! Que n’eſt-il ici,
continuoit-elle en m’embraſſant, je le man-
gerois de careſſes ! Le ſouvenir de Martin
l’animoit, ſes diſcours avoient produit ſur
moi le même effet. Nous nous trouvâmes,

sans y penser, dans une disposition qui ne
nous permit pas d'attendre le lendemain
pour célébrer la perte de ce cher amant ;
je rappellois à Monique les plaisirs qu'elle
avoit autrefois goûtés avec lui ; trompée
par mes caresses ; elle oublioit que je n'é-
tois qu'une fille, elle me prodiguoit les mêmes noms qu'elle lui prodiguoit dans leurs
transports ; j'étois son Ange, j'étois son
... je n'avois pas encore l'idée d'un bien
grand que celui dont je jouissois, &
Monique dans mes bras combloit tous mes
...s, L'imagination va toujours plus loin
... ce que l'on possede ; Monique songeant
au plaisir que lui avoit causé le frottement
... poil de Martin, quand elle l'avoit senti
... sur ses fesses la nuit de l'aventure du
... dieu, m'en promit autant si je voulois
... lui procurer encore ; j'y consentis. Elle
... coucha sur le ventre, j'agissois : nous
...s animâmes de façon qu'à force de cher-
... à nous le procurer à toutes deux en
... même-tems, l'agitation nous fit trouver
...une la tête au chevet du lit, & l'autre la
tête au pied. Dans cette situation nous nous
approchâmes, l'une de mes cuisses étoit sur
le ventre de Monique, & l'autre sous ses
fesses, mon ventre & mes fesses étoient de
même entre ses cuisses ; étroitement collées

l'une contre l'autre, nous nous preſſions en ſoupirant, nous nous frottions réciproquement, nous nous répandions à chaque inſtant. Les ſources de notre plaiſir gonflées par un jailliſſement continuel, & qui n'avoit d'autre iſſue que de paſſer de l'une dans l'autre, étoient comme deux réſervoirs de délices, où nous mourions plongées ſans ſentiment, où nous ne reſſuſcitions que par l'excès du raviſſement. L'épuiſement ſeul mit fin à nos tranſports. Enchantées l'une de l'autre, nous ne nous quittâmes qu'en nous promettant de recoucher enſemble le lendemain. Elle y revint, & me rendit encore plus ſçavante à cette ſeconde entrevue. Ces nuits charmantes n'ont été interrompues que par ma ſortie du couvent pour venir ici.

Ce que Suzon venoit de me raconter avoit ſi fort agi ſur mon imagination, que je n'avois pû refuſer à l'énergie de ſes diſcours des marques de ſenſibilité relatives au ſujet. Quoique j'euſſe affecté de vouloir lui dérober la vûe des larmes qu'elle m'arrachoit, le plaiſir de les répandre, les regards paſſionnés que je jettois ſur elle en les répandant, m'avoient trahi : elle s'étoit apperçue de mes mouvemens ; mais charmée d'avoir fait ſur moi l'impreſſion qu'elle

s'étoit proposée d'y faire, elle me diffimu-
loit adroitement fa fatisfaction ; & par une
politique mal entendue, elle combattoit
encore en elle-même le doux penchant qui
devoit être le prix de l'ardeur qu'elle m'inf-
piroit. Autant fes difcours m'avoient caufé
d'étonnement, autant me donnerent-ils
d'efpérance : ces peintures fi vives & fi animées des fituations & des fentimens de la
Sœur Monique, dans une circonftance à
peu près femblable à celle où nous nous
trouvions, ne pouvoient partir que d'un
cœur pénétré. Elle ne m'avoit rien caché
de fes propres actions : elle ne m'avoit pas
déguifé fa fenfibilité pour les plaifirs de
l'amour : elle avoit dit tous les mots, rien
n'avoit été fardé ; fi nous euffions été dans
l'allée, elle n'auroit pas dit un mot que je
n'en euffe profité, elle n'auroit pas fait une
peinture que je n'y euffe joint la repréfen-
tation au naturel : elle n'avoit pas voulu y
venir, que devois-je penfer de cette réfiftance, comment l'accorder avec ce que je
venois d'entendre ? Ah ! fi j'avois pû lire
dans fon cœur, que je me ferois épargné
d'inquiétude. Ferme dans la réfolution de
fuivre mon deffein, mais en garde contre
une précipitation qui auroit pû effaroucher
Suzon, je pris mes mefures d'une façon

détournée ; j'allai chercher dans le récit
même qu'elle venoit de me faire, des armes
pour la combattre. Je me contentai de lui
demander d'abord, avec un air d'indifférence, si la Sœur Monique étoit jolie. Comme un Ange, me répondit-elle : je ne sçais
pas ce qu'il faut pour faire une fille qui plai-
se ; mais je m'imagine que, pour plaire, elle
doit être faite comme la Sœur Monique. Sa
taille est fine & bien prise ; sa peau est d'une
blancheur, d'une douceur parfaite ; elle a
la plus belle gorge du monde ; le visage un
peu pâle, mais joli, & formé de façon que
les plus belles couleurs lui conviendroient
moins que cette pâleur ; ses yeux sont noirs
& bien fendus ; mais contre l'ordinaire des
brunes, elle les a languissans ; il n'y reste
qu'assez de feu pour faire juger qu'ils seroient brillans, si elle n'étoit pas si amoureuse. Tu me rends compatissant pour elle,
dis-je à Suzon ; sa passion pour les hommes
la rendra malheureuse pour toute sa vie.
Désabuse-toi, me répondit Suzon, ce n'est
que depuis peu, comme je te l'ai dit, qu'elle
a pris le voile, encore ne l'a-t-elle fait que
par complaisance pour sa mere. Le tems
de prononcer ses vœux n'est pas encore
arrivé : son bonheur dépend de la mort d'un
frere, dont sa mere fait son idole. Il court

grand rifque de ne pas vivre plus long-
tems que la fœur ne le fouhaite. Il s'eft
déja fait bleffer à Paris dans un bordel....
Un bordel! eh! qu'eft-ce que cet endroit?
demandai-je à Suzon, par preffentiment
fans doute de ce qui devoit m'y arriver un
jour. Je vais t'en dire, me répondit-elle,
ce que j'en ai appris de la Sœur Monique,
qui fçait tout ce qui a rapport avec fes inclinations. C'eft un lieu où s'affemblent des
filles tendres & faciles, dont le métier eft
de recevoir avec complaifance les hommages des libertins & de fe prêter à leurs
defirs, fous l'efpoir de la récompenfe : leur
penchant les y mene, le plaifir les y fixe.
Ah! m'écriai-je en l'interrompant, que je
voudrois être dans une ville où il y eût de
ces endroits-là! Et toi, Suzon? Elle ne me
répondit rien, & je compris affez par fon
filence, qu'elle ne feroit pas plus cruelle
qu'une autre pour fon tempérament, & que
ce plaifir n'auroit pas moins d'empire fur
fon cœur que fur celui de ces filles tendres
que l'empreffement des hommes érigeoit
en idoles publiques. Je crois, ajoutai-je,
que la Sœur Monique iroit là auffi volontiers que fon frere? Je t'en réponds, me
dit-elle ; cette pauvre fille aime les hommes
à la fureur, l'idée feule l'en enchante. Et

toi, petite friponne, repris-je, tu ne les
aime donc pas ? Je ne te cache pas, mè répondit-elle, que je les aimerois, si ce qu'on
fait avec eux n'étoit pas si dangereux. Tu
le crois, lui dis-je, il ne l'eſt pas tant que
tu le penſes : va, Suzon, pour faire cela
avec une femme, elle ne devient pas toujours groſſe : vois, ajoutai-je, cette Dame
qui eſt notre voiſine, il y a long-tems qu'elle eſt mariée, elle le fait avec ſon mari, &
cependant elle n'a pas d'enfans. Cet exemple parut l'ébranler. Ecoute, ma chere Suzon, pourſuivis-je, & comme inſpiré par
une intelligence au-deſſus de mon âge qui
me faiſoit pénétrer dans les myſteres de la
nature, la Sœur Monique t'a dit que quand
Martin lui mettoit, elle étoit toute remplie
de ce qu'il lui donnoit ; c'étoit ſans doute
ce qui lui avoit fait un enfant. Hé bien, dit
Suzon, en me regardant & cherchant dans
mes yeux un moyen de ſatisfaire ſon envie
ſans s'expoſer aux hazards, que veux-tu
dire par-là ? Ce que je veux dire, repris-je,
c'eſt que, ſi c'eſt ce que l'homme répand
qui produit cet effet, on peut l'empêcher en
ſe retirant quand on ſent que cela va venir.
Eh ! le peut-on faire, interrompit vivement
Suzon ? N'as-tu jamais vû deux chiens l'un
ſur l'autre ? On a beau les battre pour les
faire

faire finir, ils crient, ils se démenent, ils voudroient se retirer & ne peuvent pas : ils sont sans doute attachés de façon que cela leur est impossible : dis-moi si un homme se trouvoit attaché de cette façon à une femme, que quelqu'un vînt, qu'on les surprît ? Cette objection me démonta, l'exemple étoit sensible, il sembloit que Suzon eût prévû ce que j'allois lui proposer. L'exemple étoit pour nous, nous allions nous trouver dans le même cas, si Suzon se rendoit. Elle sembloit attendre ma réponse avec impatience, & si j'avois pû découvrir ce qui se passoit dans son ame, j'aurois vû qu'elle se repentoit de m'avoir proposé une difficulté que je n'étois pas en état de résoudre. D'autant plus intéressé à détruire son préjugé, que je ne doutois presque pas que mon bonheur ne dépendît de ma réponse, je cherchois des raisons pour la convaincre, je me souvenois parfaitement que le Pere Polycarpen avoit pas eu la veille cette difficulté à se retirer de dessus Toinette. Je lui aurois cité cet exemple, mais j'aimois mieux le lui faire voir. Mes raisonnemens ne la persuaderent pas : mais ses desirs suppléoient à ce qu'ils avoient de défectueux : elle affectoit cependant d'insister encore, & je sentis qu'il n'y auroit pas d'autre

M

moyen de la perſuader, que de lui montrer un exemple du contraire. Dans le moment j'apperçus le bon-homme Ambroiſe qui ſortoit de la maiſon, & qui prenoit le chemin de la rue. Je regardai ſon départ comme l'occaſion la plus favorable qui pût ſe préſenter, ne doutant pas que le Pere & Toinette ne profitaſſent de la liberté que leur laiſſoit ſa *bon-homie* pour réparer le tems que ſa préſence leur avoit fait perdre. Je dis d'un ton aſſuré à Suzon : Viens, je veux te faire voir que tu t'es trompée. Je me levai ſur le champ, & j'aidai Suzon à en faire autant, non ſans lui avoir auparavant porté ſous la jupe une main qu'elle repouſſa en folâtrant. Où vas-tu donc me mener, me demanda-t'elle, voyant que je prenois le chemin de la maiſon. La petite friponne croyoit que j'allois la mener dans l'allée, elle m'y auroit ſuivie : que j'aurois bien mieux fait d'y aller ! Mais je n'étois pas aſſez expérimenté pour voir qu'elle ne demandoit pas mieux : je craignois quelque nouvelle réſiſtance de ſa part, & mon deſtin m'entraînoit. Je lui répondis que j'allois la mener dans un lieu où elle verroit quelque choſe qui lui feroit plaiſir. Où donc, me répondit-elle avec impatience, voyant que j'avançois toujours vers la

maifon ? Dans ma chambre, lui repliquai-
je. Dans ta chambre, me dit-elle, oh, je
n'y veux pas aller : tiens, Saturnin, cela
eft inutile, tu me ferois quelque chofe. Je
lui jurai que non ; & je connus, à l'air dont
elle confentoit à y venir, qu'elle étoit
moins fâchée de m'y fuivre, qu'elle ne
l'auroit été, fi, en lui promettant d'être
fage, je ne lui avois pas donné un prétexte pour s'y laiffer conduire. Que je me
rappelle avec plaifir ces traits charmans de
mon enfance ! L'habitude d'accorder tout
à mes paffions, & l'ufage le plus immodéré
des plaifirs n'ont point émouffé dans mon
cœur ma fenfibilité pour ces précieux inf-
tans de ma vie.

Nous entrâmes dans ma chambre fans
avoir été apperçus : je tenois Suzon par la
main, elle trembloit, je marchois fur la
pointe des pieds, elle m'imitoit : je lui fis
figne de ne point parler, & la faifant affeoir fur mon lit, je m'approchai doucement de la cloifon : perfonne n'y étoit encore. Je dis d'une voix baffe à Suzon, que
l'on ne tarderoit pas à venir. Mais que
veux-tu donc me montrer, me demanda-
t-elle, intriguée par mes façons myftérieu-
fes ? Tu vas le voir, lui répondis-je ; & fur
le champ, en avancement du privilége que

je comptois que cette vûe alloit me donner,
je la renverfai fur mon lit, en tâchant de
lui gliffer la main fur les cuiffes : je n'en
étois pas encore à la jarretiere qu'elle fe
leva avec aĉion, & dit qu'elle feroit du
bruit, fi j'étois affez hardi pour la toucher.
Elle alla même jufqu'à faire femblant de
vouloir fortir : je pris cette grimace pour
une marque de colere, & je fus affez fimple
pour m'imaginer qu'elle vouloit effectivement fe retirer. J'étois interdit, le cœur
me battoit, à peine ofois-je répondre ; &
quoique ce ne fût qu'en bégayant, je per-
fuadai facilement une fille qui auroit été
bien fâchée que mon filence l'eût mife dans
la néceffité de joindre l'effet à la menace ;
elle confentit de refter. J'allois défefpérer
de pouvoir venir à bout de mon entreprife,
quand j'entendis ouvrir la porte de la chambre d'Ambroife : le cœur me revint, & j'attendois avec impatience que la curiofité de
Suzon fit pour moi ce que je n'avois pû faire
moi-même ; les voici, lui dis-je, en lui faifant figne de fe taire & la remenant fur le
lit ; les voici, ma chere Suzon. Je m'approchai auffi-tôt de la cloifon, j'écartai l'image
qui déroboit à mes regards ce qui fe paffoit
dans la chambre, & j'apperçus le Pere qui
prenoit fur la gorge de Toinette des gages

peu équivoques de fa bonne volonté. Immobiles, ferrés étroitement l'un contre
l'autre & recueillis en eux-mêmes, il fembloit qu'ils vouluffent, par une profonde
méditation, fe remplir de la grandeur des
myfteres qu'ils alloient célébrer. Attentif
à leurs mouvemens, j'attendois qu'ils les
pouffaffent un peu plus loin, pour faire figne
à Suzon d'avancer. Toinette ennuyée de la
longue méditation, fe débarraffa la premiere des bras du Moine, & jettant corfet,
jupe, chemife tout à bas, parut telle que la
bienféance du myftere l'exigeoit. Ah! que
j'aimois à la voir dans cet état; ma fureur
amoureufe, que les combats de Suzon n'a-
voient fait qu'irriter, redoubla d'un degré
à cette vûe.

Suzon, que mon attention rendoit impatiente, avoit quitté le lit, & s'étoit ap-
prochée de moi : j'étois fi fort occupé,
que je ne m'en étois pas apperçu. Laiffe-
moi donc voir auffi, me dit-elle, en me
repouffant un peu. Je ne demandois pas
mieux, je lui cédai auffi-tôt mon pofte, &
je me tins à côté d'elle, à examiner fur fon
vifage les impreffions qu'y produiroit le
fpectacle qu'elle alloit avoir. Je m'apperçus d'abord qu'elle rougiffoit; mais je pré-
fumois trop de fon penchant à l'amour

pour craindre que cette vûe ne produisît
un effet contraire à celui que j'en espé-
rois : elle resta. Curieux alors de sçavoir
si l'exemple opéroit, je commençai par lui
couler la main sous la jupe ; je ne trouvai
plus qu'une résistance médiocre, elle se
contentoit de me repousser doucement la
main avec la sienne, sans cependant l'empêcher de monter jusqu'aux cuisses ; elle
les serroit étroitement, & ce n'étoit qu'aux
transports des combattans, que j'étois redevable de la facilité que je trouvois à les
desserrer insensiblement. J'aurois compté
le nombre des coups que donnoient ou re-
cevoient le Pere & Toinette, par celui des
pas que ma main, plus ou moins pressée,
faisoit sur ses charmantes cuisses : enfin je
gagnai le but. Alors Suzon, sans pousser
plus loin sa résistance, m'abandonna tout,
& écartoit elle-même les jambes pour laisser à ma main toute la facilité de se contenter ; j'en profitai, je portai le doigt à
l'endroit sensible : à peine pouvoit-il y entrer. Elle tressaillit aussi-tôt qu'elle sentit
que l'ennemi s'étoit emparé de la place,
& ses tressaillissemens se renouvelloient au
moindre petit mouvement de mon doigt.
Je te tiens, Suzon, dis-je alors, je te tiens.
Je levai aussi-tôt son jupon par derriere,

& je vis, ah! je vis le plus beau, le plus blanc, le mieux tourné, le plus ferme, le plus charmant petit cul qu'il soit possible d'imaginer. Non, aucun de ceux que j'ai vus dans le cours de ma vie, aucun de ceux à qui j'ai le plus fait de fête, aucun n'a jamais approché du cul de ma chere Suzon! Fesses divines dont l'aimable coloris l'emportoit sur celui du visage! Fesses adorables sur lesquelles je collai mille baisers amoureux! pardonnez, si je ne vous rendis alors le véritable hommage qui vous étoit dû! Oui, vous méritiez d'être adorées, vous méritiez l'encens le plus pur; mais vous aviez un voisin trop redoutable, je n'avois pas encore le goût assez épuré pour connoître votre véritable valeur, je le croyois seul digne de toute ma passion! Cul charmant! que mon repentir vous a bien vengé! Oui, je conserverai toujours précieusement votre mémoire! Je vous ai élevé dans mon cœur un autel, où tous les jours de ma vie je pleure mon aveuglement.

J'étois à genoux devant cet adorable petit cul, je l'embrassois, je le serrois, je l'entr'ouvrois, je m'extasiois; mais Suzon avoit mille autres beautés qui piquoient ma curiosité. Je me levai avec transport, je fixai mes regards avides sur deux petits tetons

durs, fermes, bien placés, arrondis par
l'Amour lui-même : ils se levoient, se baiſ-
ſoient, haletoient, & ſembloient demander une main qui fixât leurs mouvemens
j'y portai la mienne, je les preſſois : Suzon
ſe laiſſoit aller mollement à mes tranſports,
rien ne pouvoit l'arracher au ſpectacle qui
l'attachoit : j'en étois charmé ; mais ſon attention étoit bien longue pour mon impatience, j'étois brûlé d'un feu qui ne pouvoit s'éteindre que par la jouiſſance : j'aurois voulu voir Suzon toute nue pour me
raſſaſier de la vûe entiere d'un corps dont
je baiſois, dont je maniois de ſi charmantes
parties : il me ſembloit qu'il n'y avoit que
cette vûe qui pût ſuffire à remplir mes deſirs. Je fus bientôt en état d'éprouver le
contraire, je deshabillai Suzon ſans qu'elle
qu'elle s'y oppoſât. Nud de mon côté je
cherchois tous les moyens poſſibles d'aſſou-
vir ma paſſion, je n'avois pas aſſez de force
pour la preſſer : mille & mille baiſers répé-
tés, les marques les plus vives de l'amour,
étoient mille fois au-deſſous de ce que je
ſentois : je tâchois de lui mettre, mais l'attitude étoit gênante, il falloit le mettre par
derriere, elle écartoit les jambes & les feſſes, mais l'entrée étoit ſi petite, qu'il m'étoit
impoſſible d'en venir à bout : j'y mettois le
doigt,

7

doigt, & je l'en retirois tout couvert d'une liqueur amoureuse. La même cause produisoit sur moi le même effet. Je faisois de nouveaux efforts pour prendre dans ce charmant endroit la même place que mon doigt venoit d'y occuper, & toujours même impossibilité, malgré les facilités qu'on me donnoit. Suzon, dis-je, enragé de l'obstacle que son opiniâtre attention apportoit à mon bonheur, laisse-les, viens, ma chere Suzon, nous pouvons avoir autant de plaisir qu'eux. Elle tourna les yeux sur moi, ils étoient passionnés. Je la prend amoureusement entre mes bras, je la porte sur mon lit, je la renverse, elle écarte les cuisses; mes yeux se jettent avec fureur sur une petite rose vermeille qui commence à s'épanouir, un poil blond & placé par petits toupets, commençoit à ombrager une motte dont le pinceau le plus délicat rendroit foiblement la blancheur vive & animée. Suzon immobile attendoit avec impatience des marques de ma passion plus sensibles & plus satisfaisantes: je tâchai de les lui donner; je m'y prenois fort mal, trop bas, trop haut, je me consumois en efforts inutiles: elle me le mit elle-même: ah! il sentit alors qu'il étoit dans le véritable chemin. Une douleur que je ne comptois pas trouver sur

N

une route que je croyois couverte de fleurs,
m'arrêta d'abord ; Suzon en reſſentit une
pareille : mais nous ne nous rebutâmes pas ;
Suzon tâchoit de rendre la route plus large,
je faiſois des efforts plus violens, elle les
ſecondoit. Déja j'avois fait la moitié de ma
courſe, Suzon rouloit ſur moi des yeux
mourans, ſon viſage étoit enflammé, elle
ne reſpiroit que par intervalles, elle me
renvoyoit une chaleur prodigieuſe, je nageois dans un torrent de délices ; mais j'en
eſpérois encore de plus grandes, je me hâ-
rois de les goûter. O ciel ! des momens ſi
doux devoient-ils être troublés par le plus
cruel des malheurs ? Je pouſſois avec ardeur : mon lit, ce malheureux lit, ce témoin
de mes tranſports & de mon bonheur, nous
trahit : il n'étoit que de ſangle, la cheville
manqua, nous tombâmes avec un bruit affreux. Cette chûte m'eût été favorable,
puiſqu'elle m'avoit fait entrer juſqu'où je
pouvois aller, quoiqu'avec une extrême
douleur pour tous les deux. Suzon ſe faiſoit
violence pour retenir ſes cris : effrayée, elle
tâchoit de s'arracher de mes bras ; j'étois
furieux d'amour & de déſeſpoir, & je ne la
ſerrois que plus étroitement ; mon opiniâtreté me coûta cher.

Toinette avertie par le bruit, accourt,

ouvre, entre & nous voit. Quel spectacle pour les yeux d'une mere, d'une fille, d'un fils! La surprise la rendit immobile ; & comme si elle eût été retenue par quelque chose de plus puissant que ses efforts, il sembloit qu'elle ne pût avancer ; elle nous regardoit avec des yeux enflammés plutôt par la lubricité que par la fureur ; elle avoit la bouche ouverte pour parler, & la voix expiroit sur ses levres.

Suzon étoit tombée en foiblesse, ses yeux tendres se fermoient, sans avoir ni le courage ni la force de se retirer. Je jettois les miens alternativement sur Toinette & Suzon, sur l'une avec rage, sur l'autre avec douleur ; enhardi par l'immobilité où l'étonnement sembloit retenir Toinette, je voulus en profiter, je poussai, Suzon donna alors un signe de vie, elle jetta un profond soupir, r'ouvrit les yeux, me serra, donna un coup de cul : Suzon goûtoit le souverain plaisir, elle déchargeoit ; ses ravissemens me faisoient envie, j'allois les partager : Toinette s'élança sur moi au moment que je sentois les approches du plaisir, elle m'arracha des bras de ma chere Suzon. O dieux ! n'avois-je pas assez de force pour me venger ? Le désespoir me l'ôta sans doute, puisque je restai immobile dans les bras de cette marâtre jalouse.

Le Pere Polycarpe, qui n'étoit pas moins
curieux que Toinette de sçavoir ce qui
venoit de se passer, accourut dans cet intervalle, & ne demeura pas moins surpris
qu'elle, à la vûe du spectacle qui s'offrit à
ses yeux, sur-tout de Suzon nue, [illegible]
sur le dos, & qu'elle passoit un bras [illegible]
yeux, en portant la main de l'autre [illegible]
droit coupable, comme si une pareil[le] [illegible]-
ture eût pû dérober ses charmes aux [illegible]s
d'un Moine lascif. Ce fut sur elle qu[e le]s
porta d'abord : les miens y étoient [illegible]s
comme sur leur centre, & ceux de Toine[tt]e
l'étoient sur moi. La surprise, la rag[e], la
crainte, rien ne m'avoit fait débander : j'a-
vois le vit décaloté & plus [illegible] ;
Toinette le regardoit : cette [illegible] na
grace, & me réconcilia avec el[le] [illegible]tois
qu'elle m'entraînoit doucemen[t] [illegible] de la
chambre, j'étois troublé, je ne [illegible]is ce
que je faisois : nud comme je l'ét[ois] je [l]a
suivis sans y penser, & tout cela [illegible]s
qu'il se fût dit une parole de part [illegible].

Toinette me conduisit dans sa c[illegible] :
je m'apperçus, quand nous fûme[s illegible],
qu'elle fermoit la porte aux [illegible]. La
crainte me retira alors de mon étourdisse-
ment, je voulus fuir ; je cherchois quelque
refuge qui pût me dérober au ressentiment
de Toinette, n'en trouvant pas, je me jettai

ſous le lit. Toinette reconnut le motif de ma frayeur, & tâcha de me raſſurer: Non, Saturnin, me dit-elle, non, mon ami, je ne veux pas te faire du mal. Je ne la croyois pas ſincere, & je ne ſortois pas de ma place. Elle vint elle-même pour m'en retirer: je voyois qu'elle tendoit le bras pour m'attrapper, je me reculois; mais j'eus beau faire, elle me prit, par où? par le vit. Il n'y eut plus moyen de me défendre, je ſortis, ou plutôt elle m'attira, car elle n'avoit pas lâché priſe.

La confuſion de paroître *in naturalibus* ne m'empêcha point d'être ſurpris de trouver Toinette elle-même toute nue: elle, qui un moment avant s'étoit offerte à mes yeux, ſinon dans un état décent, du moins avec quelque choſe qui cachoit le néceſſaire. Elle ne me lâchoit pas le vit, qui reprenoit dans ſa main ce que la crainte lui avoit fait perdre de ſa force & de ſa roideur: dirai-je mon foible! en la voyant, je ne penſai plus à Suzon: l'objet préſent ſeul m'occupoit; je ne ſçavois comment je ſortirois de cette ſcene, mais je bandois toujours à bon compte, mes craintes étoient ſubordonnées à la paſſion. Toinette me tenoit toujours le vit, & moi je regardois le con de Toinette. Que fit ma ribaude? Elle ſe coucha ſur ſon lit, & par ce mouvement,

m'entraîna sur elle. Viens donc, petit couil-
lon, me dit-elle en me baisant, mets-le-moi
là, bon. Je ne me fis pas prier davantage,
& ne trouvant pas beaucoup de difficulté,
je lui enfonçai jusqu'aux gardes. Déja dif-
posé par le prélude que j'avois fait avec
Suzon, je fentis bientôt un flux de délices,
qui me fit tomber fans mouvement fur la lu-
brique Toinette, qui remuant avec agilité
la charniere, reçut les prémices de ma virilité. C'eft ainfi que pour mon premier
coup d'effai, je fis cocu Monfieur mon pere
putatif; mais qu'importe?

Quelle foule de réflexions pour ces Lec-
teurs dont le tempérament froid & glacé
n'a jamais reffenti les fureurs de l'amour!
Faites-les, Meffieurs, ces réflexions; donnez carriere à votre morale : je vous laiffe
le champ libre, & ne veux vous dire qu'un
mot : Bandez auffi fort que je bandois, vous
foutriez, qui? le diable.

J'allois repéter un auffi charmant exercice, quand nous fûmes interrompus par
un bruit fourd qui partoit de ma chambre.
Toinette, qui vit bien de quoi il s'agiffoit,
fe leva en criant au Pere de finir : elle fe
r'habilla au plutôt, me dit de me remettre
fous le lit, & courut pour empêcher que les
chofes ne fuffent pouffées plus loin.

A peine eut-elle le dos tourné, que je

volai au trou : j'apperçus le Moine qui tenoit dans ses bras Suzon, qui s'étoit r'ha-
billée, mais dont le cotillon & la chemise
étoient levés : la jacquette du Moine l'étoit
aussi, & je jugeai que le bruit ne venoit que
de l'extrême grosseur du membre de sa Révérence, qui faisoit sans doute des efforts
inutiles pour le faire entrer dans un endroit
qui n'étoit pas fait pour lui. Le débat finit
à l'aspect de Toinette ; elle fondit sur les
combattans, & arrachant Suzon des bras
de l'incestueux Célestin, lui donna, avec
deux ou trois soufflets, liberté de sortir. Il
sembloit que l'action vigoureuse que Toinette venoit de faire, l'eût épuisée, & qu'il
ne lui restât plus assez de force pour marquer son mécontentement au Pere Polycarpe : elle le regardoit toute essoufflée. Un
Moine ne manque gueres d'impudence ; cependant celle du Pere ne tint pas contre la
honte d'avoir été surpris en flagrant délit,
peut-être contre la crainte des reproches
dont il croyoit que Toinette alloit l'accabler, ou plutôt contre l'idée d'infamie dont
il croyoit qu'un Moine devoit être noté,
quand il entreprenoit d'exploiter une fille
sans en venir à bout. Il rougissoit, il pâ-
lissoit, & n'osoit presque regarder Toinette, qui de son côté paroissoit agitée des

mêmes mouvemens. Moi, de mon trou, je les examinois attentivement, & je m'attendois à être bientôt spectateur de quelque crife violente, je le craignois. Que je les connoiffois peu l'un & l'autre! Le Moine paroiffoit confus, mais il ne débandoit: un Moine débande-t-il jamais? Toinette paroiffoit furieufe, mais elle regardoit le vit du Moine: fon foible étoit toujours de facrifier toute fa colere à cette vûe, mon exemple devoit m'avoir préparé à lui voir une pareille indulgence pour le Pere. Le raccommodement fut bientôt fait. Le Moine s'approcha d'elle, & j'entendis qu'il lui difoit, en lui mettant en main fon joyeux aiguillon : *Si je n'ai pas pû foutre la fille, du moins je foutrai la mere.* Oh! pour cette infulte Toinette étoit toujours difpofée à la lui pardonner : elle s'offrit même de bonne grace pour victime à la fureur amoureufe du Moine; il la faifit, il l'embraffa, & tombant l'un fur l'autre fur les débris de mon lit, ils fcellerent leur réconciliation par une copieufe décharge, du moins j'eus lieu de le juger aux tranfports du Pere, & aux ferremens de cul de Toinette.

Pendant ce tems-là, allez-vous demander, que faifoit ce petit bougre de Saturnin? Se contentoit-il de regarder comme

un

un fot par le trou, fans fe joindre du moins aux idées, aux careffes des deux champions? Belle demande! Saturnin étoit nud, il étoit encore en feu des careffes que Toinette lui avoit faites: le fpectacle qu'il avoit devant les yeux l'échauffoit encore: que vouliez-vous qu'il fît? Il fe branloit, il enrageoit de voir le Moine fur Toinette, fans en pouvoir tirer fa part, & le petit coquin déchargeoit au moment que Madame fa mere ferroit le cul, & que le Pere fe pâmoit. Vous voilà inftruit: revenons à nos gens.

Hé bien, dit le Moine, trouves-tu que je faffe cela auffi-bien que Saturnin? Que Saturnin, répondit-elle! moi, j'ai fait quelque chofe avec Saturnin! Bon, le petit fripon n'a-t-il pas été fe cacher fous le lit, où il eft encore; mais patience, laiffez venir Ambroife, les étrivieres ne lui manqueront pas: il les aura, & de la bonne façon. J'écoutois ce colloque: jugez fi une pareille promeffe dut me faire plaifir. Je redoublai mon attention, & j'entendis le Pere qui répliquoit: Là, là, Toinette, ne nous fâchons pas: vous fçavez qu'il ne doit pas toujours demeurer ici, il eft affez grand à préfent, n'eft-il pas vrai? Je prétends l'emmener quand je partirai. Mais, reprit Toinette, vous ne songez pas que si ce petit coquin-là reste ici, nous ne pourrons plus rien faire ; cela a de la langue, & je me doute presque qu'il nous a découverts. Tenez, justement, poursuivit-elle, en appercevant le trou de la cloison. Ah, mon Dieu ! je n'avois pas encore remarqué ce trou : il aura tout vu par-là, le petit chien ! Je jugeai qu'elle alloit venir vérifier son doute, & vîte je me refourai sous le lit, d'où je n'eus garde de sortir une seconde fois, quelqu'envie que j'eusse d'entendre le reste d'une conversation qui commençoit à m'intéresser si fort. Je me tins clos & couvert, & j'attendis avec impatience le résultat de leurs discours : je n'attendis pas long-tems.

On vint bientôt me tirer de ma prison : j'entendis ouvrir la porte ; je tremblois que ce ne fût Ambroise : s'il m'avoit vu là, quelle jolie scene pour moi ! C'étoit Toinette qui m'apportoit mes habits, & qui me dit de m'habiller au plutôt. Je ne la regardois que de travers après ce que je lui avois ouï dire à mon sujet : je me hâtai de faire ce qu'elle me disoit ; mais je bravois ses menaces. Je remarquai qu'elle achevoit de s'habiller aussi, & qu'elle se mettoit même sur son propre ; j'eus bientôt fait de mon côté, elle eut bientôt fait du sien. Allons, Saturnin, me dit-elle, venez avec moi : force me fut de la suivre. Où me mena-t'elle ? Chez Monsieur le Curé.

J'avouerai franchement que la vûe du presbytere me fit trembler : le Pasteur avoit eu plusieurs fois l'honneur de me visiter le derriere (chose que, par parenthese, il ne haïssoit pas), & je craignois bien fort que ce ne fût encore pour lui procurer le même divertissement, que l'on me menoit chez lui. Je n'osois pas tout-à-fait laisser voir mes craintes à Toinette. Si je lui fais sentir que j'ai peur, disois-je, c'est peut-être réveiller le chat qui dort, elle ne manquera pas de saisir l'occasion ; mais pourquoi m'amene-t'elle donc ici ? je n'en sçais trop rien. Faisons de nécessité vertu, entrons toujours.

J'entrai, & effectivement j'en fus quitte pour la peur ; car Toinette, en me présentant au saint homme, le pria de vouloir me garder pendant quelques jours chez lui. Cette expression, pendant quelques jours, me rassura. Bon, dis-je en moi-même, & quand ces quelques jours seront passés, le Pere Polycarpe m'emmenera avec lui. Cette espérance me charma, & fit que je me familiarisois plus aisément avec ma retraite, sur le motif de laquelle je n'osois pourtant

réfléchir fans me fentir faifi de douleur. Suzon, chere Suzon, je te perdrai donc pour
toujours, m'écriois-je dans un coin de la
falle où je m'étois d'abord retiré par frayeur,
& où je reftois par goût, parce que j'y rêvois à mon aife ? A quoi ? à Suzon. L'agitation où j'étois depuis quelques heures n'a-
voit fait que fufpendre ce que je fentois
pour elle ; mais quand je fus revenu à moi-
même, fon idée m'occupa tout entier. Oui,
je me fentois déchirer le cœur, quand je
penfois que j'allois la perdre ; mon imagination fe repaiffoit de tous fes charmes, elle
parcouroit toutes les beautés de fon corps,
c'étoit fes cuiffes, c'étoit fes feffes, c'étoit
fa gorge, fes petits tetons blancs & durs
que j'avois baifés tant de fois. Je me rappellois le plaifir que j'avois eu avec elle ; &
réfléchiffant fur celui que j'avois pris avec
Toinette, qu'auroit-ce donc été, difois-je,
fi je l'euffe goûté fur Suzon ? Je me fuis pâmé fur Toinette, je ferois mort fur Suzon !
Ah, je n'aurois pas de regret à la vie, fi je
la perdois dans fes bras ! Mais que fera-
t'elle devenue ? Expofée aux fureurs de Toinette, elle va mourir de chagrin ; peut-être
pleure-t'elle à préfent, peut-être me maudit-
elle ; Suzon pleure & j'en fuis la caufe ; Suzon me maudit, elle jure de me haïr ; pour-

rai-je vivre fi elle me hait, moi qui l'adore, moi qui fouffrirois tout au monde pour lui épargner le moindre chagrin? Hélas! elle prévoyoit notre malheur, & c'eft moi qui l'y ai plongée. Telles étoient les penfées qui m'agitoient alors; elles me plongeoient dans une noire mélancolie, dont je ne fortis qu'au fon d'une clochette qui m'avertit qu'on avoit fervi le fouper, on vint m'appeller. Laiffons pour un moment Suzon, nous la retrouverons bien toujours, elle joue un rôle affez important dans ces Mémoires. Allons prendre un repas, & faifons connoître quelques vûes des originaux avec qui je le pris. Commençons par le Chef.

Monfieur le Curé étoit une de ces figures qu'on ne fçauroit regarder fans avoir envie de rire; haut de quatre pieds, le vifage large d'un demi, & enluminé d'un rouge foncé qui ne lui venoit pas de boire de l'eau, un nez épaté furmonté de rubis, de petits yeux noirs & vifs, ombragés d'épais fourcils, un front petit, le poil frifé comme un barbet; joignez-y un air goguenard & malin, voilà Monfieur le Curé. Avec cela le coquin avoit de bonnes fortunes, plus d'une m'en auroit encore dit des nouvelles dans le village. Il cultivoit volontiers la vigne du Seigneur; il faifoit le petit Céleftin: ces petits magotslà font d'ordinaire de vigoureux fires à ce jeu, & notre Curé ne manquoit pas, je crois, de ces talens, qui valent mieux qu'une belle figure, quand il eft permis de les faire valoir.

Paffons au fecond cartouche du tableau Céleftin de la maifon de Monfieur le Curé, & difons un mot de fa refpectable Gouvernante.

Madame Françoife étoit une vieille forciere plus maline qu'un vieux finge, plus méchante qu'un vieux diable ; ôtez cela, c'étoit la bonté même : fon vifage portoit bien cinquante bonnes années : la coquetterie eft de tous pays & de toutes conditions, la vieille ne s'en donnoit pas trente - cinq ; mais, malgré fes difcours, elle étoit très-canonique, & fi canonique, que depuis une quinzaine d'années qu'elle étoit au fervice de Monfieur le Curé, elle l'avoit garanti des retraites incommodes qu'il avoit coutume de faire au Séminaire au moins deux ou trois fois chaque luftre : difgraces qui avoient dégoûté le Patron de la jeuneffe ; & quoique la Dame Françoife eût les yeux bordés de rouge, le nez barbouillé de tabac, la bouche fendue jufqu'aux oreilles, & qu'elle n'eût plus dans cette bouche que quelques dents mal affurées, Monfieur le Curé, par reconnoiffance pour fes fervices paffés, ne démentoit en rien son estime ; & qui plus est, ses caresses pour elle. Madame Françoise étoit la surintendante de la maison, tout passoit par ses mains, jusqu'à l'argent des Pensionnaires, qui n'en sortoit gueres. Elle ne parloit jamais de Monsieur le Curé qu'en nom collectif ; apportoit-on de quoi dire une Messe, nous vous la dirons ; donnoit-on quelque chose de moins, nous ne pouvons pas vous en dire pour ce prix-là. Hé, Madame Françoise (Madame gros comme le bras, elle se feroit offensée qu'on n'eût pas mis cette honorable qualité à la tête de son nom) hé, Madame Françoise, je n'ai pas davantage ! Néant : comment donc, vous croyez apparemment qu'on nous donne cela à nous ; il nous faut du vin, il nous faut des cierges, & notre peine, la comptez-vous pour rien ?

A l'ombre de l'union qui régnoit entre Madame Françoise & Monsieur le Curé, croissoit une fille, soi-disante niece du Pasteur, mais qui lui appartenoit de plus près que par la qualité de niece. C'étoit une grosse joufflue, un peu picotée de petite vérole, mais fort blanche, & une gorge adorable ; un nez tirant sur celui de Monsieur le Curé, aux rubis près, qu'elle n'avoit pas encore, mais beaucoup de disposition à en

avoir un jour ; des yeux petits , mais ardens ; il n'auroit tenu qu'à elle de paſſer pour
rouſſe , ſi elle n'avoit pas ouï dire que c'é-
toit une couleur proſcrite , & que le blond
étoit plus ſéant pour les Belles : comme elle
croyoit l'être , elle en prenoit les attributs.
Ce n'eſt pas que le blond ou le roux euſſent
fort inquiété certain grand coquin d'Ecolier de Philoſophie , qui venoit de tems en
tems paſſer huit ou dix jours au presbytere,
& qui y venoit moins par amitié pour Monſieur le Curé , que pour ſa charmante niece,
que le maraud ſerroit de près , & de ſi près
que..... mais il n'eſt pas encore tems de
raconter ce qui m'arriva à ſon ſujet.

Mademoiſelle Nicole (c'étoit le nom de
cette aimable perſonne) telle que je viens
de vous la préſenter , étoit l'objet des tendres vœux de tous les Penſionnaires : les
externes vouloient auſſi s'en mêler , les
grands étoient aſſez bien reçus , les petits
fort mal. Je n'étois pas des plus grands ,
par malheur pour moi : ce n'eſt pas que je
n'euſſe plûſieurs fois tenté de pouſſer ma
pointe auprès de cette aimable pouponne,
mais mon âge parloit encore contre moi.
On avoit toujours eu la cruauté de refuſer
de m'admettre à la preuve que j'offrois de
donner , que je n'étois jeune que par la figure;
&,

&, pour achever de me défefpérer, on ne manquoit pas de confier mes entreprifes amoureufes à la Dame Françoife, la Dame Françoife les confioit à Monfieur le Curé, & Monfieur le Curé ne me ménageoit pas. J'enrageois d'être petit, car je voyois bien que c'étoit-là la caufe de tous mes malheurs.

La difficulté de réuffir auprès de Nicole, m'avoit dégoûté : des rebus de la part de la niece, les étrivieres de la part du Curé, il n'y avoit pas moyen d'y tenir. Tout cela n'a-voit pourtant pas éteint mes defirs, ils n'é-toient que cachés, la préfence de Nicole les ralluma. Il ne manquoit plus qu'une occafion qui leur donnât la liberté d'éclater : elle ne tarda pas à venir; mais l'ordre des faits exige que cette aventure n'aille qu'à fon tour, & fon tour n'eft pas encore venu, c'eft celui de Madame Dinville.

Je n'avois pas oublié que cette Dame m'a-voit fait promettre d'aller dîner avec elle le lendemain. Je me couchai dans la réfolution de lui tenir parole, & on juge bien que le jour ne changea rien à cette réfolution. Si on me demandoit fi véritablement c'étoit pour Ma-dame Dinville que je voulois aller au châ-teau; à cela je ne fçaurois trop que répon-dre : en général, je dirois que c'étoit l'idée du plaifir qui m'y conduifoit; mais que je fentois que fi ce plaifir m'étoit préfenté par

P

Suzon, il me feroit bien plus fenfible, que fi je le recevois de Madame Dinville. L'efpérance d'y trouver ma chere Suzon n'étoit pas fans vraifemblance, & voici comme je raifonnois. Pourquoi m'a-t-on mis chez Mr. le Curé? C'eft, fans doute, parce que le Pere Polycarpe s'eft douté que Toinette m'a donné une leçon qui n'eft pas de fon goût, & c'eft dans la crainte que je ne m'accoûtumaffe trop aifément à ces leçons, qu'il a jugé à propos de me placer ici. Toinette a bien vû autre chofe de la part du Pere : elle a donc pour le moins autant de raifon d'éloigner Suzon du Moine, que le Moine en a eu de m'éloigner de Toinette. Si je trouve Suzon au château, il y a des petits bois dans le jardin, je l'engagerai à y venir ; la petite friponne eft amoureufe, elle y viendra, je la tiendrai à l'écart, nous ferons feuls, nous n'aurons rien à craindre : ah ! que de plaifirs je vais goûter ! Ces agréables idées me conduifirent jufqu'à la porte du château : j'entrai.

Tout étoit dans un calme profond chez Madame Dinville, je ne trouvai perfonne fur mon paffage : ce qui me donna la liberté de traverfer une longue file d'appartemens. Je n'entrois dans aucun fans fentir mon cœur agité par l'efpérance de voir Suzon & la crainte de ne la pas trouver. Elle fera dans celui-ci, difois-je : ah ! je vais la voir : perfonne ; dans un autre de même. J'arrivai ainfi jufqu'à une chambre dont je trouvai la porte fermée, mais la clef y étoit. Je n'étois pas venu fi loin pour reculer : j'ouvris. Ma hardieffe fut un peu déconcertée à la vue d'un lit, où je jugeai qu'il devoit y avoir quelqu'un couché. J'allois me retirer, quand j'entendis une voix de femme demander qui c'étoit, & en même-tems je reconnus Madame Dinville, qui ouvroit les rideaux & avançoit la tête. J'allois me retirer, fi la vue de fa gorge ne m'en eût ôté le pouvoir en me rendant immobile. Eh! c'eft mon ami Saturnin, s'écria-t-elle ; viens donc m'embraffer, mon cher enfant. Auffi hardi après ces paroles, que j'étois timide avant qu'elle eût ouvert la bouche, je courus fans façon me jetter dans fes bras. J'aime, me dit-elle d'un air de fatisfaction, quand je me fus acquitté d'un devoir où le cœur avoit eu plus de part que la politeffe, j'aime qu'un jeune homme fe pique d'obéir ponctuellement. A peine eut-elle achevé ces mots, que je vis fortir d'un cabinet de toilette, une petite figure minaudiere, qui parut en écorchant, d'un ton de fauffet, l'air d'une chanfon nouvelle alors, dont il marquoit la cadence par des pirouettes qui répondoient à merveille aux bizarres accens de fa voix.

A la brufque apparition de cet Amphion

moderne, à qui j'entendis donner le nom
d'Abbé, je rougis pour Madame Dinville,
des marques indiscrettes de bienveillance
qu'elle venoit de me donner, & pour mon
propre compte, du motif de celles dont j'a-
vois payé les siennes; mais je me vengeai
bientôt du trouble qu'il venoit de me causer, par le jugement que je portai sur lui:
la situation où l'on se trouve influe ordinairement sur la façon de penser des choses que
l'on voit. Je ne doutai pas que mon arrivée
imprévue n'eût dérangé une partie qui ne
souffre de tiers qu'à titre d'importun : pouvois-je effectivement penser qu'un homme
pût se trouver seul avec une femme sans y
faire ce que je sentois que j'aurois fait moi-
même ?

Dans la crainte qu'il n'eût pénétré le sujet
de ma visite, à peine osois-je jetter les yeux
sur lui : si la curiosité me les faisoit quelquefois lever, la crainte de rencontrer sur son
visage quelque sourire malin, me les faisoit
baisser sur le champ : je n'y trouvai pourtant
pas ce que j'appréhendois si fort d'y appercevoir, & perdant l'habitude de le regarder
comme un témoin redoutable, mes yeux s'ac-
coutumerent insensiblement à ne plus voir
en lui qu'un importun, qui par sa présence
alloit gêner les plaisirs dont mon imagination avoit fait un portrait si riant à mon cœur.

Je l'examinois avec attention, & réfléchiffant fur le nom d'Abbé, que je venois de
lui entendre donner, je cherchois dans toute
fa petite perfonne quelques marques juftifi-
catives de cette qualité qui me paroiffoit fort
mal placée. Je n'avois fur le mot d'Abbé,
que des idées extrêmement bornées. Je m'i-
maginois que tous les Abbés du monde devoient être faits comme Monfieur le Curé ou
Monfieur le Vicaire, & j'avois peine à con-
cilier l'air bon-homme que je leur connoiffois, avec les pétulantes extravagances de
celui que j'avois devant les yeux.

Ce petit Adonis, nommé l'Abbé Fillot,
étoit le fils du Receveur des Tailles de la
ville voifine, homme fort riche, Dieu fçait
aux dépens de qui. Il revenoit de Paris,
comme la plûpart des fots de fa trempe,
plus chargé de fatuité que de doctrine, &
il avoit accompagné Madame Dinville à fa
campagne, pour lui faire paffer le tems plus
agréablement. Ecolier, Abbé, tout étoit
bon pour elle.

La Dame fonna : on vint; c'étoit Suzon.
Mon cœur treffaillit à fa vûe : j'étois charmé
que mes conjectures fe trouvaffent auffi heureufement. Elle ne m'apperçut pas d'abord,
parce que j'étois caché par les rideaux du lit
fur lequel Madame Dinville m'avoit fait affeoir ; fituation, que, par parenthefe, Mon-

sieur l'Abbé commençoit à ne pas trouver à son gré. Il avoit peine à souffrir la petite liberté que Madame Dinville me donnoit, & je voyois qu'il taxoit de mauvais goût la complaisance qu'elle me témoignoit.

Suzon s'avança : elle me vit dans le moment, ses belles joues s'animerent des plus vives couleurs, elle baissa les yeux : l'agitation lui coupa la parole. J'étois dans un état peu différent du sien, excepté qu'elle baissoit les yeux, & que les miens étoient fixés sur elle. Les charmes de Madame Dinville, dont elle ne me ménageoit pas la vue, sa gorge, ses tetons & les autres beautés de son corps, dont un drap jaloux déroboit, à la vérité, le spectacle à mes yeux, mais n'en rendoit la peinture que plus vive à mon imagination. Tout cela avoit fait dans mon cœur des impressions qui tournerent en l'instant au profit de Suzon ; mais la réflexion corrigea bientôt un sentiment trop précipité, & me ramena, non pas tout d'un coup, à mon caractere dominant.

Si j'eusse eu le choix de Suzon ou de Madame Dinville, je n'aurois pas balancé ; Suzon avoit la pomme : mais on ne me présentoit pas l'alternative : la possession de Suzon n'étoit pour moi qu'une espérance fort incertaine, & la jouissance de Madame Dinville étoit presque une certitude ; ses regards m'en affuroient ; fes difcours, quoique gênés par la préfence du petit Abbé, ne détruifoient pas l'efpoir que fes yeux me laiffoient concevoir. Suzon, après avoir été chargée d'avertir une femme de chambre, fortit, & fon départ commença à reftituer à Madame Dinville des defirs qui lui appartenoient, puifqu'ils étoient fon ouvrage.

Je reftai cependant fi troublé, les mouvemens de mon cœur combattus & détruits alternativement par deux caufes qui l'intéreffoient également, l'une par l'idée du plaifir, l'autre par celle de ce même plaifir, mais accompagné de quelque chofe de plus touchant, étoient dans une fi grande confufion, que je ne m'apperçus pas de la difparition de l'Abbé. Madame Dinville l'avoit bien vu fortir ; mais, s'imaginant que je l'avois vu auffi, elle ne croyoit pas qu'il fût befoin de m'en faire fouvenir. Elle fe panche fur fon couffin, & me regardant avec une douce langueur qui me difoit inutilement qu'il ne tenoit qu'à moi de devenir heureux, elle me prenoit tendrement la main, qu'elle me preffoit dans la fienne, en la laiffant de tems en tems tomber d'un air indifférent fur fes cuiffes, qu'elle ferroit & defferroit avec un mouvement lafcif. Ses regards accufoient ma timidité, & fembloient me reprocher que je n'étois plus le même que

la veille. Toujours préoccupé de la pensée
que l'Abbé nous examinoit, je restois dans
une défiance niaise qui l'impatienta. Tu
dors, Saturnin, me dit-elle ? Un galant de
profession auroit profité de l'occasion pour
débiter une tirade d'impertinences : je ne
l'étois pas, je n'en dis qu'une : Non, Madame, je ne dors pas. Quoique cette réponse
innocente diminuât de beaucoup l'idée que
mon effronterie de la veille avoit pû lui donner de mon sçavoir, elle ne fit pas de tort
à sa bonne volonté pour moi ; elle fit un effet
tout contraire, elle me donna un nouveau
mérite à ses yeux, me fit regarder comme
un novice. Morceau délicat pour une femme
galante, dont l'imagination est voluptueu-
sement flattée par l'idée d'un plaisir d'autant plus vif, que celui qui le lui donne n'en
connoît pas tout le prix, & l'aiguise lui-
même par des ravissemens qu'il n'a jamais
éprouvés, par des transports qui augmen-
tent la vivacité de ceux qu'elle ressent : c'est
ainsi que pensoit Madame Dinville, & n'est-
ce pas ainsi que pensent toutes les femmes ?
Mon indifférence fit connoître à la Dame
que sa façon d'attaquer ne faisoit que glisser
sur moi, & qu'il falloit quelque chose de plus
frappant pour m'émouvoir. Elle me lâcha la
main, & étendant les bras avec un bâille-
ment étudié, elle m'étala une partie de ses
charmes.

charmes. Son action retira mes efprits de l'engourdiffement où ils étoient depuis la fortie de Suzon. Je me réveillai, la vivacité reparut fur mon vifage, l'idée de Suzon fe diffipa, mes yeux, mes regards, mon impatience, tout fut dans l'inftant pour Madame Dinville: elle s'apperçut de l'effet de fa rufe, & pour mener mes defirs par degrés, & m'encourager infenfiblement à perdre ma timidité, elle me demanda, en jettant les yeux de côtés & d'autres, ce qu'étoit devenu l'Abbé. J'eus beau regarder, je ne le voyois pas; je fentis ma fottife. Il eft forti, reprit-elle, & affectant de jetter un peu fon drap en fe plaignant de la chaleur, elle me découvrit une cuiffe extrêmement blanche, fur le haut de laquelle un bout de chemife paroiffoit mis exprès pour empêcher mes regards d'aller plus loin; & plutôt à deffein d'exciter que de contenter ma curiofité. Malgré l'obftacle qu'elle oppofoit, j'entrevis quelque chofe de vermeil qui me mit dans un trouble dont fes yeux intéreffés reconnurent bientôt le motif; elle recouvrit adroitement un endroit dont la vûe avoit fait tout l'effet qu'elle en efpéroit. Je lui pris d'un air timide une main qu'elle m'abandonna fans réfiftance; je la baifai avec tranfport, mes yeux, que je fixai fur elle, étoient enflammés, les fiens étoient

brillans & animés : les chofes fe difpofoient
à merveille ; mais il étoit écrit que les plus
belles occafions s'offriroient fans que je
puffe en profiter. Cette maudite femme de
chambre que l'on avoit dit à Suzon d'avertir, arriva dans le tems qu'on n'avoit gueres
befoin d'elle : je lâchai promptement la
main que je tenois, la foubrette entra en
riant comme une folle ; elle fe tint un moment à la porte, pour fe dédommager, par
l'abondance de fes éclats, de la gêne que
la préfence de fa Maîtreffe alloit leur faire.
Qu'avez-vous donc, extravagante, lui dit
Madame Dinville d'un air fec ? Ah, Madame, répondit-elle, Monfieur l'Abbé….
Hé bien, qu'a-t'il fait, reprit fa Maîtreffe ?
Dans le moment rentra l'Abbé en fe cachant le vifage avec fon mouchoir : les ris
de la Suivante augmenterent à fa vûe. Qu'a-
vez-vous donc, lui demanda Madame Dinville ? Vous voyez, répondit-il, en nous
découvrant un vifage qui paroiffoit fortir
d'un violent affaut, voilà l'ouvrage de Mademoifelle Suzon. De Suzon, reprit Madame Dinville, en éclatant à fon tour ! Voilà
ce que coûte un baifer, pourfuivit-il froidement ; ce n'eft pas l'acheter trop cher,
comme vous voyez. Je ne pus m'empêcher
de rire comme les autres, de l'air aifé dont
l'Abbé nous parloit de fon malheur. Il fou-

tint sur le même ton les railleries que Madame Dinville ne lui ménageoit pas. Elle s'habilla : l'Abbé, malgré le mauvais état de son visage, fit le coquet à la toilette, dit des impertinences, contrôla la coëffure, fit des contes à Madame Dinville, qui rioit de ses balivernes ; la Suivante pestoit contre ses corrections ; & moi, je riois de la figure du petit homme. Allons dîner.

Nous étions quatre à table, Madame Dinville, Suzon, l'Abbé & moi. Qui fit une sotte figure ? ce fut moi, quand je me vis placé vis-à-vis de Suzon : l'Abbé, qui étoit à côté d'elle, faisoit bonne mine à mauvais jeu, & paroissoit bien embarrassé à persuader à Madame Dinville, que les traits railleurs dont elle l'accabloit n'étoient pas capables de le déconcerter. Suzon n'étoit gueres moins confuse ; cependant je croyois voir dans ses regards furtifs, qu'elle n'auroit pas été fâchée que nous eussions été seuls. Sa vûe m'avoit encore rendu infidele à Madame Dinville, & je souhaitois avec impatience que nous fussions sortis de table, dans l'espérance de trouver quelque moyen de nous dérober. Le dîner fini, je fis signe à Suzon : elle m'entendit, elle sortit. J'allois la suivre, Madame Dinville m'arrêta, en me disant qu'elle vouloit que je lui servisse d'Ecuyer à la promenade : se pro-

mener à quatre heures après-midi dans l'été.
La propofition parut extravagante à l'Abbé, mais ce n'étoit pas pour avoir fon ap-
probation qu'elle la faifoit : elle avoit fes
vûes. Elle fçavoit qu'il étoit trop amoureux
de fon tein, pour l'expofer avec auffi peu
de ménagement à l'ardeur du foleil ; auffi
prit-il le fage parti de refter. J'aurois bien
voulu me difpenfer de fuivre la Dame pour
aller rejoindre Suzon ; mais je n'ofois propofer un prétexte, & je facrifiai mon envie
à la déférence dont je crus devoir payer
l'honneur qu'on vouloit bien me faire.

Suivis des yeux par l'Abbé, dont les éclats
de rire extravagans prévenoient notre retour, & fe vengeoient par avance de ceux
que nous ne lui avions pas ménagés, nous
marchions, avec une gravité concertée, au
milieu des parterres fur lefquels le foleil
dardoit fes rayons les plus ardens. Madame Dinville ne leur oppofoit qu'un fimple
éventail, & moi l'habitude. Nous fîmes plu-
fieurs tours avec une indifférence qui défef-
péroit notre railleur. Je ne pénétrois pas
encore le deffein de la Dame, & je ne con-
cevois pas qu'elle pût réfifter à une chaleur
que je commençois à trouver moi-même in-
fupportable. J'allois m'impatienter de la
qualité d'Ecuyer, & j'y aurois volontiers
renoncé ; mais je ne connoiffois pas encore

toutes les fonctions de cet emploi, & on m'en réservoit une qui devoit me consoler de l'ennui de la premiere.

Notre opiniâtreté avoit forcé l'Abbé de se retirer ; nous étions au bout d'une allée, Madame Dinville s'élança dans un petit bosquet dont l'agréable fraîcheur ne nous promettoit plus qu'une promenade charmante, si nous la continuïons dans cet aimable endroit : je le lui dis. Je n'y suis pas venue pour en sortir si-tôt, me répondit-elle, en jettant sur moi des yeux qui cherchoient à pénétrer dans les miens si je n'étois pas au fait du motif de sa promenade ; elle n'y trouva rien : je ne m'attendois pas au bonheur qui m'étoit préparé. Elle me tenoit le bras qu'elle serroit affectueusement ; & comme une personne extrêmement fatiguée, elle penchoit la tête sur mon épaule, & approchoit son visage si près du mien, que j'aurois été un sot si je n'y eusse pas pris un baiser qui se présentoit de lui-même. On me laissa faire, je réitérai ; même facilité : j'ouvris les yeux. Oh, pour le coup, dis-je en moi-même, si elle le veut, c'est une affaire faite, nous n'aurons pas ici d'importuns. Il sembloit qu'elle eût pénétré ma pensée, car nous étant engagés dans un labyrinthe dont les détours & l'obscurité nous déroboient aux yeux les plus clair-voyans, elle me dit qu'elle vouloit profiter de la fraîcheur du gazon; elle s'affit à l'abri d'une charmille qui entouroit un petit quarré où nous étions, & qui rendoit l'endroit délicieux pour l'ufage auquel elle le deftinoit. J'en fis autant, & je me mis à côté d'elle : elle me regarda, me ferra la main, & fe coucha. Je crus que l'heure du Berger alloit fonner; & déja je préparois l'aiguille, quand tout-à-coup elle s'endormit. Je crus d'abord que ce n'étoit qu'un affoupiffement léger, caufé par la chaleur, & qu'il me feroit facile de diffiper; mais voyant qu'il augmentoit, j'eus la fimplicité de me défefpérer d'un fommeil dont la promptitude & la force devoient m'être fufpectes. Encore, difois-je, fi c'étoit après avoir fatisfait mes defirs, je lui pardonnerois : mais avoir la cruauté de s'endormir au moment qu'elle me donne les plus belles efpérances! Je ne pouvois m'en confoler; je l'examinois avec douleur, elle étoit dans le même habillement que la veille, elle n'avoit rien fur la gorge, mais elle y avoit fuppléé d'une façon qui en rendoit l'impreffion plus piquante : elle y avoit mis fon éventail qui fuivoit les mouvemens du fein, & fe foulevoit affez pour m'en laiffer entrevoir la blancheur & la régularité. Preffé par mes defirs, je me fentois des envies de la réveiller, qui étoient fur le champ dé-

truites par la crainte de l'indifpofer, & de
faire évanouir, par mon impatience, un
refte d'efpoir dont fon réveil me flattoit encore. Je cédai cependant à la démangeaifon
de porter la main fur fa gorge. Elle dort
d'un fommeil trop profond pour fe réveiller, difois-je ; & quand elle fe réveilleroit,
mettons les chofes au pis, elle me grondera,
voilà tout : je l'ai bien fait hier, elle ne l'a
pas trouvé mauvais, le trouvera-t'elle aujourd'hui ? Effayons : je portai une main
tremblante fur un teton, tandis que je jettois les yeux fur le vifage, prêt à finir au
moindre figne qu'elle feroit : elle n'en fit
pas, je continuai. A peine ma main ofoit-
elle s'appefantir, elle ne faifoit, pour ainfi
dire, que frifer la fuperficie comme une hi-
rondelle qui rafe l'eau, en y trempant de
tems en tems fes aîles. Bientôt j'ôtai l'éventail, & bientôt je pris un baifer : rien ne la
réveilloit. Devenu plus hardi, je changeai
de pofture, & mes yeux animés par la vûe
des tetons, à faire de nouvelles découvertes,
voulurent defcendre plus bas : je mis la tête
aux pieds de la Dame, & collant mon vifage
contre terre, je cherchois à pénétrer dans
l'obfcur païs de l'amour, & je ne voyois rien :
fes jambes étoient croifées, & la cuiffe droite
fe trouvant collée fur la gauche, mettoit mes
regards en défaut. Je voulus du moins me

dédommager en touchant, de l'impoſſibi-
lité de voir. Je coulai la main ſur la cuiſſe,
& j'avançai inſenſiblement juſqu'au pied de
la montagne ; déja je touchois du bout du
doigt l'entrée de la grotte : je croyois n'en
pas ſouhaiter davantage, je croyois y bor-
ner tous mes deſirs. Parvenu à ce point, je
ne m'en trouvai que plus malheureux : j'aurois voulu que mes yeux participaſſent au
plaiſir de ma main. Je la retirai, & je retournai à ma premiere place pour y examiner de nouveau le viſage de ma dormeuſe :
je n'y trouvai aucune altération, il ſembloit
que le ſommeil eût verſé ſur elle ſes pavots
les plus aſſoupiſſans. J'entrevoyois cependant un œil dont le clignotement m'inquié-
toit. Je l'examinois avec défiance ; & ſi dans
l'inſtant il ne ſe fût fermé tout-à-fait, peut-
être me ſerois-je contenté de ce que j'avois
fait, & aurois-je attendu le réveil pour en
faire davantage ; mais l'immobilité de cet
œil ſuſpect me rendit la confiance. Je retournai à mon poſte inférieur ; &, devenu
plus entreprenant par l'eſpérance de l'im-
punité, je commençois à lever le jupon le
plus doucement qu'il m'étoit poſſible. Elle
fit un mouvement, je la crus réveillée ; je
me retirai avec précipitation, & le cœur
frappé d'un ſentiment de frayeur tel que
peut l'avoir un homme qui voit un précipice
dont

dont le hazard vient de le fauver. Je me remis en tremblant à ma place, fans ofer la
regarder ; mais je ne reftai pas long-tems
dans cette contrainte, mes yeux retourne-
rent fur elle, je reconnus avec plaifir que le
mouvement qu'elle avoit fait ne venoit pas
de fon réveil, & je crus n'avoir à remercier
que la fortune de l'heureufe fituation dans
laquelle elle venoit de la mettre : fes jambes
étoient décroifées, elle avoit le genouil
droit élevé, & le jupon tombé par ce moyen
fur fon ventre, expofoit à mes yeux & fes
feffes, & fes jambes, & fa motte, & fon con.
Je m'enivrai de ce charmant fpectacle : un
bas proprement tiré, noué fur le genouil
avec une jarretiere feu & argent, une jambe
bien au tour, un petit pied mignon, une
cheville la plus jolie du monde, des cuiffes, ah !
ces cuiffes, dont la blancheur éblouiffoit,
rondes, douces, fermes ; un con d'un rouge
de carmin, entouré d'une haie de petits poils
plus noirs que le jay , & d'où fortoit une
odeur plus douce que celle des parfums les
plus délicieux. J'y mis le doigt, je le cha-
touillai un peu (le mouvement qu'elle avoit
fait avoit extrêmement écarté fes jambes),
j'y portai auffi-tôt la bouche en tâchant d'y
enfoncer la langue. Je bandois d'une force ;
ah ! les comparaifons l'exprimeroient foiblement. Rien ne put alors m'arrêter, réflexion,

R

crainte, refpect, tout difparut ; mon cœur
étoit devenu la proie des defirs les plus violens & les plus impétueux ; j'aurois foutu la
Sultane favorite en préfence de mille Eunu-
ques, le cimeterre nud, & prêts à laver mes
plaifirs dans mon fang. Je m'étendis fur Madame Dinville, je l'enconnai, avec la précaution pourtant de ne pas m'appuyer fur
elle, de peur que la pefanteur de mon corps
ne la réveillât : appuyé fur mes deux mains,
je ne la touchois qu'avec mon vit, je ne la
pouffois qu'avec un mouvement doux & ré-
glé, qui me faifoit avaler à longs traits le
plaifir ; je n'en prenois que la fleur.

Les yeux fixés fur ceux de ma dormeufe,
je collois de tems en tems ma bouche fur la
fienne : la précaution que j'avois prife de
m'appuyer fur mes mains, ne tint pas contre le raviffement où je me trouvai bientôt ;
plus d'attentions, je me laiffai tomber fur
la Dame, il ne fut plus en mon pouvoir de
faire autre chofe que la ferrer & la baifer
avec fureur. La fin du plaifir me rendit l'u-
fage de mes yeux, que le commencement
m'avoit ôté, elle me rendit le fentiment que
j'avois perdu : je ne le recouvrai que pour
voir des tranfports de Madame Dinville,
que je n'étois plus en état de partager. Ma
dormeufe venoit de croifer les mains fur
mes feffes, & élevant le derriere qu'elle re-

muoit avec une vivacité prodigieuse, elle
m'attiroit fur elle de toute fa force ; j'étois
immobile, & je lui baifois encore la bouche
avec un refte de feu, que le fien commençoit à rallumer. Cher ami, me dit-elle à
demi-voix, pouffe encore un peu ; ah ! ne
me laiffe pas en chemin ! Je me remis à travailler fur de nouveaux frais, plein d'une
ardeur qui ne s'éteignit pas fitôt que la fienne ; car à peine eus-je donné cinq ou fix
coups, qu'elle perdit connoiffance. Cette
vûe ne fit que m'animer davantage, je dou-
blai le pas, je l'atteignis, je tombai fans
mouvement dans fes bras, & nous confon-
dîmes nos plaifirs dans nos embraffemens
mutuels.

Quand l'évanouiffement du plaifir nous
eut avertis qu'il étoit tems de changer de
pofture, je me retirai, & j'avoue que je ne
le fis pas fans confufion : je baiffois la vûe,
la Dame avoit les yeux tournés fur moi, &
m'examinoit. J'étois fur mon féant, elle me
paffa une main fur le col, me fit recoucher
fur l'herbe, & porta l'autre main à mon vit :
elle fe mit à le chatouiller, à me baifer. Que
veux-tu donc faire, grand innocent, me
dit-elle, as-tu peur de me montrer un vit
dont tu fçais fi bien te fervir ? Te cachai-je
quelque chofe, moi ? Tiens, vois mes tetons,
baife-les : mets cette main-là dans mon fein ;

bon : & celle-ci, porte-la à mon con ; à merveilles : ah ! fripon, que tu me fais de plaifir !
Animé par la vivacité de fes careffes, j'y répondois avec la même ardeur, mon doigt
s'acquittoit à merveille de fa fonction : elle
rouloit des yeux paffionnés en m'embraffant
& en me pouffant de profonds foupirs dans
la bouche : elle tenoit ma cuiffe droite paffée
dans les fiennes, & elle la ferroit avec des
redoublemens de foupirs, qu'elle termina
en fe laiffant tomber fur moi, & en me cou-
vrant des preuves parlantes du plaifir que
je venois de lui donner.

Mon vit avoit repris toute fa roideur, mes
defirs renaiffoient avec une nouvelle vivacité. Je me mis à mon tour à l'embraffer, à
la ferrer dans mes bras. Elle ne me répondoit que par des baifers. J'avois toujours le
doigt dans fon con : je lui écartai les jambes
en regardant ce charmant endroit avec complaifance. Ces approches du plaifir font plus
piquantes que le plaifir même : eft-il poffible
d'imaginer quelque chofe de plus délicieux
que de manier, que de confidérer une femme qui fe prête à toutes les poftures que votre lubricité peut inventer ? On fe perd, on
s'abîme, on s'anéantit dans l'examen d'un
joli con ; on voudroit n'être qu'un vit pour
pouvoir s'y engloutir. Pourquoi n'a-t-on
pas la prudence de s'en tenir à ce charmant

badinage ? L'homme infatiable dans fes defirs, en forme de nouveaux dans le fein des
plaifirs mêmes ; plus les plaifirs qu'il goûte
font vifs, plus les defirs qu'ils font naître
font violens : découvrez une partie de votre
gorge à votre amant, il veut la voir toute
entiere : montrez-lui un petit teton blanc
& dur, il veut le toucher ; c'eft un hydropi-
que dont la foif s'accroît en bûvant : laiffez-
lui toucher, il voudra le baifer : laiffez-lui
porter la main plus bas, il y voudra porter le vit : fon efprit ingénieux à lui forger
de nouvelles chimeres, ne lui laiffera pas de
repos qu'il ne vous l'ait mis : s'il vous le met,
qu'arrive-t-il ? Semblable au chien de la Fa-
ble, il lâche l'os pour prendre l'ombre, il
perd tout en voulant tout avoir. Tout cela
eft excellent ; mais après tout, il en faut toujours revenir au proverbe : *Vit bandant n'a
point d'arrêt* ; & moi-même, qui prêche ici
comme un Docteur, hélas ! fi le Ciel l'avoit
voulu, je ferois le premier à faire le contraire de ce que je dis : s'il fe préfentoit une
femme dans l'attitude où j'avois mis Madame
Dinville, les jambes écartées, me montrant
un con rouge & vermeil, où il ne tiendroit
qu'à moi de me plonger dans une fource de
plaifirs, m'amuferois-je à lanterner, à bai-
foter, à chatouiller, à la foutaife enfin ? Non
parbleu, je la foutrois *fonica*. Jugez fi je fus

long-tems à coniller autour de ma fouteuse.
Je l'enconnai vigoureusement. Elle, vive &
infatigable, m'embraffa en répondant avec
un mouvement égal aux coups que je lui donnois. J'avois les mains croifées fous fes feffes, elle avoit les fiennes croifées fur les
miennes ; je la ferrois avec tranfport, elle
me ferroit de même ; nos bouches étoient
collées l'une fur l'autre, elles étoient deux
cons, nos langues fe foutoient ; nos foupirs
pouffés & confondus l'un dans l'autre, nous
caufoient une douce langueur qui fut bientôt couronnée par une extafe qui nous en-
leva, qui nous anéantit.

On a grande raifon de dire que la vigueur
eft un préfent du Ciel. Libéral envers fes
fideles ferviteurs, il confent que leurs rejet-
tons participent à cette libéralité, & que la
force génitale foit héréditaire & paffe des
Moines à leurs enfans ; c'eft le feul patrimoine qu'ils leur laiffent. Hélas ! que je l'ai
promptement diffipé ce patrimoine ! Mais
n'anticipons pas fur les événemens, retarder
le récit de fon malheur, c'eft en adoucir le
fentiment.

Toute l'étendue du don du Ciel m'étoit
néceffaire pour fortir à mon honneur de l'a-
venture où j'étois engagé. Si j'avois affaire
à forte partie, je pouvois fans vanité m'appliquer les paroles du Cid.

*Je suis jeune, il est vrai; mais aux ames bien
    nées,*
La valeur n'attend pas le nombre des années.

J'en avois jusqu'alors donné les marques les plus vigoureuses à Madame Dinville; mais il sembloit que son courage s'accrût avec ma résistance, & elle s'apperçut bientôt que je ne me battois plus qu'en retraite: elle m'excitoit, elle m'animoit à lui porter de nouveaux coups; elle s'y présentoit, & contribuoit par ses caresses à me procurer une nouvelle victoire. Je recommençois à la regarder avec langueur, je retrouvois du plaisir à lui baiser la gorge, je lui grattois le con avec plus de vîtesse, je soupirois. Elle s'apperçut de l'heureuse disposition où ses caresses m'avoient mis : Ah ! le fripon, me dit-elle en me baisant les yeux, tu bandes ! qu'il est dur, ton cher vit ! qu'il est gros ! qu'il est long ! coquin, tu feras fortune avec un vit comme celui-là : hé bien, veux-tu recommencer, dis ? Je ne lui répondis qu'en la pressant amoureusement de se renverser. Attends donc, reprit-elle, attends, mon ami, je veux te faire goûter un plaisir nouveau, je veux te foutre à mon tour : couche-toi comme je l'étois tout-à-l'heure. Je me couchai aussi-tôt sur le dos, elle monta sur moi, me prit elle-même le vit, me le plaça,

& se mit à pousser. Je ne remuois pas, je lui laissois tout faire, & je n'avois d'autre fatigue que celle de recevoir le plaisir qu'elle me donnoit : je la contemplois de tems en tems, elle interrompoit son ouvrage pour m'accabler de baisers; ses tetons cédoient avec de petites secousses au mouvement de son corps, & venoient se reposer sur ma bouche, où je les suçois : une sensation voluptueuse m'avertit de l'approche du grand plaisir, je joignis mes élancemens à ceux de ma fouteuse, je déchargeai, elle déchargea, & je me retrouvai tout couvert du foutre dont elle m'avoit inondé.

Excédé, brisé par l'exercice violent, par les assauts que j'avois livrés & reçus depuis près de deux heures, je me sentis accablé par une envie de dormir à laquelle je cédai sans résistance. Madame Dinville me plaça elle-même la tête sur son sein, & voulut que je goûtasse les douceurs du sommeil dans un endroit où je venois de goûter toutes celles de l'amour, & qui étoit encore brûlant de mes baisers. Elle essuya elle-même la sueur de mon visage; & me donnant un baiser: dors, me dit-elle, mon cher amour, dors tranquillement, je me contenterai de te voir. Je m'assoupis bientôt, je dormis d'un profond sommeil, & le soleil s'approchoit de l'horison, quand je me réveillai: je n'ouvris
les

les yeux que pour les porter sur Madame
Dinville. Elle me regardoit d'un air riant;
elle s'étoit occupée à faire des nœuds pendant mon sommeil : elle interrompit son
ouvrage pour me glisser la langue dans la
bouche, & le laissa bientôt, dans l'espérance
que j'allois l'occuper à faire des nœuds d'une
autre espece. Elle ne me cacha point ses
desirs, & me pressa de les satisfaire : j'étois
d'une nonchalance qui irritoit son impatience. Je n'avois ni dégoût, ni envie; cependant je sentois que s'il eût dépendu de moi,
j'aurois préféré le repos à l'action : ce n'é-
toit pas là le dessein de la Dame. Elle me
tenoit dans ses bras, & m'accabloit de caresses brûlantes, peine perdue; j'y étois insensible, je tâchois moi-même, mais en
vain, d'exciter des desirs que je n'avois plus.
Elle s'y prit d'une autre façon pour ranimer
ma chaleur éteinte : elle se coucha sur le dos,
se troussa. Elle connoissoit combien une semblable vûe avoit de pouvoir sur moi; elle
remuoit le derriere d'une maniere lascive,
je sentois quelques légeres émotions, je portois la main sur ce qu'elle me montroit; mais
je la portois d'un air indifférent, je chatouil-
lois avec plus d'indifférence encore : elle me
tenoit pendant ce tems-là le vit; & semblable à un Médecin qui tâte le pouls d'un criminel à qui l'on donne la question, & sur sa

S

force ou sa foiblesse regle la dose qu'on doit lui donner, elle me branloit avec plus ou moins de vîtesse proportionnément aux degrés de lubricité qu'elle sentoit naître. Elle en vint enfin à son honneur, je bandai; elle triomphoit, je voyois dans ses yeux petillans la joie que lui causoit le retour de ma virilité. Charmé moi-même de l'effet de ses caresses, je voulus sur le champ lui donner des marques de ma reconnoissance; elle les reçut avec une fureur amoureuse dont la vivacité seconda si bien mon zele : elle me serroit, s'agitoit, s'élançoit avec des mouvemens si rapides & si passionnés, que je déchargeai sans presque m'être donné aucune peine, mais avec tant de plaisir, que je voulus du mal à mon vit de l'obstacle qu'il avoit apporté, par sa lenteur, à une jouissance aussi délicieuse.

Il étoit tems de quitter ce gazon où nous venions de nous livrer à tous les transports de l'amour. Nous le quittâmes, & pour tromper la pénétration maligne de ceux qui nous voyant échauffés comme nous l'étions, pourroient en soupçonner la cause, nous fîmes quelques tours dans le labyrinthe, & ces tours ne se firent pas sans causer. Que je suis contente de toi, mon cher Saturnin, me disoit Madame Dinville; & toi? Moi, lui répondois-je, je suis enchanté des plai-

firs que vous venez de me faire goûter! Ouï,
reprenoit-elle, mais je ne suis gueres sage
de m'être ainsi livrée à tes desirs; sçauras-
tu avoir de la discrétion, Saturnin? Je lui
répliquai que je voyois bien qu'elle ne m'aimoit gueres, & qu'elle se repentoit des bontés qu'elle avoit eues pour moi, puisqu'elle
me croyoit capable d'en abuser. Elle fut si
contente de ma réponse que j'en aurois été
sur le champ payé par le plus tendre baiser,
si nous ne nous étions pas trouvés à l'entrée
du parterre, & à portée d'être apperçus;
mais, sans me répondre, elle me serra la
main contre son cœur, & me regarda d'un
air de langueur qui me charma.

Nous allions extrêmement vîte, la conversation étoit tombée, & je m'appercevois
que Madame Dinville jettoit des yeux inquiets de côté & d'autre. Je n'avois garde
d'en pénétrer la cause, je ne la soupçonnois
pas, vous ne l'auriez pas soupçonnée vous-
même, & vous ne vous seriez pas attendu
qu'après avoir travaillé comme nous l'a-
vions fait, la Dame ne fût pas contente de
sa journée. Ce n'étoit pourtant que l'envie
de la couronner avec honneur, qui la rendoit si attentive, & qui la faisoit examiner soigneusement si quelque indiscret do-
mestique ne viendroit pas y mettre obstacle. Mais, direz-vous, il falloit qu'elle eût

le diable au cul. D'accord : elle venoit de sucer ce pauvre petit Bougre, il n'en pouvoit plus, il étoit rendu, cela est vrai : mais comment a-t'elle fait pour le faire bander? Oh, c'est ce que vous allez voir.

En garçon qui commençoit à sçavoir son monde, puisque j'y venois de faire une entrée assez brillante, j'aurois cru manquer à mon devoir, si je n'avois pas remis Madame Dinville dans son appartement. Cela fait, je me préparois à lui tirer ma révérence, & je croyois l'embrasser pour la derniere fois de la journée. Eh! quoi, me dit-elle avec surprise, tu veux t'en aller, mon ami? il n'est pas huit heures, va reste, je ferai ta paix avec ton Curé (je lui avois dit que j'avois changé de demeure, & que j'avois l'honneur d'être un des Pensionnaires de Monsieur le Curé). L'idée du presbytere me faisoit baisser l'oreille, & je n'étois pas fâché que l'obligeante Madame Dinville m'épargnât une heure de dégoût. Elle me fit asseoir sur son canapé, alla fermer la porte de sa chambre, & vint se mettre à côté de moi. Aussi-tôt me prenant une main, qu'elle pressoit dans les siennes, elle me regarda fixement & sans me parler. Je ne sçavois que penser de ce silence, elle le rompit : Tu ne te sens donc plus d'envie, me dit-elle? L'impuissance où j'étois de la satis-

faire, me rendoit muet, l'aveu de ma foibleſſe me coûtoit à faire ; confus & déſeſ-
péré, je baiſſois les yeux. Nous ſommes ſeuls,
mon cher Saturnin, reprit-elle en me bai-
ſant avec des redoublemens d'amour qui ne
me rendoient pas plus amoureux, perſonne
au monde ne nous peut voir, deshabillons-
nous, couchons-nous ſur mon lit ; viens,
mon fouteur, viens, allons nous mettre
tous nuds, va, je te ferai bientôt bander.
Elle me prit dans ſes bras, & me porta,
pour ainſi dire, ſur ſon lit : elle m'aida à me
deshabiller, & ſa promptitude ſecondant
ſon impatience, elle me vit bientôt dans
l'état qu'elle deſiroit, nud comme la main.
Je la laiſſois faire plutôt par complaiſance
que par l'idée du plaiſir. Elle me renverſe
ſur ſon lit, & ſe couchant ſur moi, elle me
couvroit de ſes baiſers, elle me ſuçoit le
vit, & auroit voulu le faire entrer juſqu'aux
couilles dans ſa bouche ; elle ſembloit ex-
taſiée dans cette poſture, elle me couvroit
d'une ſalive blanche, ſemblable à de l'écume ; mais elle employoit en vain toute la
chaleur de ſes careſſes pour ranimer un corps
glacé par l'épuiſement, à peine mon vit ſe
dreſſoit-il, & c'étoit ſi foiblement, qu'elle
n'en pouvoit tirer aucun ſervice. Elle courut auſſi-tôt à une caſſette d'où elle tira une
petite fiole remplie d'une liqueur blanchâ-

tre, qu'elle versa dans le creux de sa main, & m'en frotta les couilles & le vit à plusieurs reprises. Va, me dit-elle alors avec un air de satisfaction, nos plaisirs ne sont pas encore passés : mon cher Saturnin, tu m'en diras tout-à-l'heure des nouvelles. J'attendois avec impatience l'accomplissement de sa prédiction ; de petits picotemens que je sentois déja dans les couilles, commençoient à me faire entrevoir quelque possibilité dans la réussite de son secret. Pour lui donner le tems d'opérer, elle se deshabilloit à son tour ; à peine se fut-elle montrée nue à mes yeux, qu'une chaleur prodigieuse m'enflamma le sang, mon vit banda, mais d'une force effroyable, & telle que je ne l'avois pas encore sentie. Je devins enragé, & m'élançant sur elle, à peine lui donnai-je le tems de se reconnoître, & de se mettre en posture ; je la dévorois, à peine lui laissois-je la respiration libre, je ne voyois plus, je ne connoissois plus rien, toutes mes idées étoient concentrées dans son con. Arrête, mon cher amour, s'écria-t'elle en s'arrachant de mes bras, ne nous pressons pas, mon cher roi, ménageons nos plaisirs ; & puisqu'ils ne peuvent durer qu'un instant, rendons-les si vifs & si délicieux, que nous ne songions pas à leur durée ; mets ta tête à mes pieds, & tes pieds à la mienne, je le

as. Mets ta langue dans mon con, ajouta-t'elle, & moi je va mettre ton vit dans ma bouche: nous y voilà, cher ami, que tu me fais de plaisir ! Dieux, qu'elle m'en faisoit aussi ! Mon corps étendu sur son corps, nageoit dans une mer de délices, je lui dardois ma langue le plus avant que je pouvois, j'aurois voulu y mettre la tête, m'y mettre tout entier ! Je suçois son clitoris, j'allois jusqu'au fond puiser un nectar rafraîchissant, plus délicieux mille fois que celui que l'imagination des Poëtes faisoit servir sur la table des Dieux par la Déesse de la jeunesse, à moins que ce ne fût le même, & que la charmante Hébé ne leur donnât son conin à sucer. Si cela est, tous les éloges qu'ils ont donnés à cette boisson divine, sont bien au-dessous de la réalité. Quelque critique de mauvaise humeur m'arrêtera ici tout court, & me dira : Que buvoient donc les Déesses? Elles suçoient le vit de Ganimede.

Madame Dinville me tenoit le derriere serré dans ses bras, & je pressois ses fesses dans les miens, elle me branloit avec la langue & avec les levres, & je lui en faisois autant ; elle m'avertissoit par de petites secousses, & en écartant les cuisses, du progrès que le plaisir faisoit sur elle, & les mêmes signes qui m'échappoient, lui faisoient con-

noître celui qu'il faisoit sur moi ; modérant
ou augmentant la vivacité de nos caresses,
nous prolongions & nous avancions celui
qui devoit y mettre le comble ; il vint insensiblement : alors nous roidissans, nous
serrans avec plus de force, il sembloit que
nous eussions ramassés toutes les facultés de
notre ame pour ne nous occuper que des délices que nous allions goûter.

Loin d'ici fouteurs à la glace,
Dont le vit effrayé d'aller jusqu'à deux coups,
Mollit au premier choc, & déserte la place ;
Loin d'ici : mes transports ne font pas faits
pour vous.

Nous déchargeâmes en même tems, je
pressai, dans ce moment je couvris tout le
con de ma fouteuse, je reçus dans ma bouche le foutre qui en sortoit, je l'avalai, elle
en fit autant de celui qui sortoit de mon vit :
le charme se dissipa, & je ne gardai du plaisir que je venois d'avoir, qu'une legere idée,
qui, en s'évanouissant comme l'ombre, ne
me laissa que le désespoir de ne pouvoir le
renouveller : tels sont les plaisirs.

Retombé dans le même état de dégoût
& d'affoiblissement dont le secret de Madame Dinville m'avoit retiré, je la pressai
d'y recourir encore : Non, mon cher Saturnin, me dit-elle, je t'aime trop pour vouloir

loir te donner la mort, contente-toi de ce que nous avons fait. Je n'étois pas preſſé de mourir, & un plaiſir qu'il nous falloit acheter aux dépens de la vie, n'étoit plus de mon goût : nous nous r'habillâmes.

J'étois trop content de ma journée pour négliger de prendre des aſſurances d'en paſſer encore de ſemblables ; Madame Dinville, qui n'étoit pas plus mal ſatisfaite que moi, me prévint : Quand reviendras-tu, me demanda-t-elle en m'embraſſant ? Le plutôt que je pourrai, lui répondis-je, mais jamais aſſez tôt pour mon impatience : demain, par exemple ? Non, me dit-elle en ſouriant, je te donne deux jours, reviens me voir le troiſieme ; & le jour que tu viendras, continua-t-elle (en r'ouvrant la même caſſette d'où elle avoit tiré cette eau admirable, dont j'avois éprouvé la vertu, & en me donnant quelques paſtilles qu'elle y prit), tu auras ſoin de manger cela : ſur-tout, Saturnin, ſois diſcret, ne parle à perſonne de tout ce que nous avons fait. Je l'aſſurai d'un ſecret éternel, nous nous embraſſâmes pour la derniere fois, & je la laiſſai bien perſuadée qu'elle venoit de recevoir l'offrande de mon pucelage.

Madame Dinville étoit reſtée dans ſon appartement : elle m'avoit averti de faire en ſorte que l'on ne m'apperçût pas, l'obſcurité

T

me favorisoit : je traversois une antichambre, quand je me vis arrêté ; par qui ? par Suzon. Sa vûe me rendit immobile, il sembloit que sa présence me reprochât les plaisirs que je venois de goûter ; mon imagination d'intelligence avec mon cœur pour m'accabler, la rendoit témoin de tout ce que je venois de faire. Elle me prit la main, & demeura sans parler : la confusion me faisoit baisser la vûe. Inquiet cependant de son silence, je ne confiai qu'à mes yeux le soin de lui en demander la cause : je les levai sur elle, je m'apperçus qu'elle versoit des larmes ; ce spectacle me perça le cœur, Suzon y reprit dans le moment l'empire que les caresses de Madame Dinville lui avoient enlevé. Je ne pouvois concevoir que sa maîtresse eût fasciné mes yeux & mon cœur au point de ne voir qu'elle, de n'être sensible qu'au plaisir d'être avec elle, & j'avois la simplicité de regarder comme l'effet de quelque sortilege, ce qui n'étoit que celui de mon tempérament & de l'attrait des plaisirs. Suzon, dis-je à ma sœur, d'un ton pénétré, tu pleures, ma chere Suzon, tes yeux se couvrent de larmes quand tu me vois, est-ce moi qui les fait couler ? Oui, c'est toi, me répondit-elle ; je rougis de te l'avouer, cruel Saturnin, oui, c'est toi qui me les arrache., c'est toi qui me désespere & qui va me faire mourir de douleur. Moi,

m'écriai-je ; jufte ciel ! Suzon, ofe-tu me faire
de pareils reproches ? Les ai-je mérités, moi
qui t'aime ? Tu m'aimes ! reprit-elle ; ah ! je
ferois trop heureufe fi tu difois vrai ! Mais
peut-être viens-tu de jurer la même chofe à
Madame Dinville. Si tu m'aimois, l'aurois-
tu fuivie ? N'aurois-tu pas trouvé un prétexte
pour venir me trouver quand je fuis fortie ?
Vaut-elle mieux que moi ? Qu'as-tu fait avec
elle pendant toute l'après-dînée, qu'as-tu
dit ? Penfois-tu à Suzon, à une fœur qui t'aime plus que fa vie ? Oui, Saturnin, je t'aime,
tu m'as infpiré pour toi une paffion fi violente, que je mourrois de douleur fi tu n'y
répondois pas. Tu te tais, pourfuivit-elle :
ah ! je ne le vois que trop, ton cœur ne fe
faifoit pas de violence pour fuivre une rivale
que je vais haïr à la mort ; car elle t'aime, je
n'en fçaurois douter : tu l'aimes auffi, tu n'é-
tois occupé que du plaifir qu'elle te promettoit, tu ne fongeois gueres à la douleur que
tu m'allois caufer, j'en fuis encore pénétrée,
peux-tu la voir fans en reffentir toi-même ?
Attendri par des reproches dont l'éloquente
facilité me faifoit reconnoître les impreffions de l'amour que je venois moi-même
d'éprouver, en exprimant à Madame Dinville des fentimens, qui, quoique momen-
tanés, prenoient leur fource dans mon cœur,
& naiffoient de la paffion que fes careffes y

avoient allumée. Suzon, répondis-je, tu dé-
chires mon cœur par tes plaintes, cesse-les,
n'accables pas ton malheureux frere; tes larmes le désespérent, je t'aime plus que moi-
même, je t'aime plus que je ne peux dire!
Ah! reprit-elle, tu me rends la vie, ne penses donc plus qu'à moi; depuis hier toi seul
m'occupes, ton image me suis par-tout, sois
de même: mais écoutes, Saturnin, si je consens d'oublier l'injure que tu m'as faite, ce
n'est que sous la promesse que tu ne verras
plus Madame Dinville; as-tu assez d'amour
pour moi pour me la sacrifier? Oui, lui répondis-je, je te la sacrifie, tous ses charmes
ne valent pas un seul de tes baisers: en lui
disant cela, je l'embrassois, & elle ne rebu-
toit pas mes caresses. Saturnin, reprit-elle,
en me serrant tendrement la main, sois sincere : Madame Dinville aura exigé de toi
que tu reviennes la voir; quand t'a-t-elle dit
de revenir? Dans trois jours, lui répondis-
je. Et tu viendras, Saturnin, me dit-elle
tristement? Dites-moi ce qu'il faut que je
fasse, lui repliquai-je: si je viens, ce ne sera
que pour la désespérer par mon indifférence; mais si je ne viens pas, qu'il en coûtera
à mon cœur d'être si long-tems sans voir
ma chere Suzon! Je veux que tu reviennes,
reprit-elle; mais il ne faudra pas qu'elle te
voie : je ferai semblant d'être malade, je

resterai au lit, nous passerons la journée en-semble : mais, ajouta-t-elle, tu ne sçais pas où est ma chambre, suis-moi, je vais t'y con-duire. Je me laissai mener : je marchois d'un pas tremblant, averti par un secret pressen-timent du malheur qui alloit m'arriver. C'est ici, me dit Suzon, l'appartement que l'on m'a donné : auras-tu regret d'y passer la jour-née avec moi ? Ah ! Suzon, lui répondis-je, quelles délices tu me promets ! Nous serons seuls, ma chere Suzon, nous nous verrons continuellement, nous nous abandonnerons à tout notre amour : Suzon, conçois-tu ce bonheur comme moi ? Elle se taisoit, elle paroissoit enfoncée dans une profonde rê-verie, je la pressai de s'expliquer. Je t'en-tends bien, me répondit-elle d'un ton qui marquoit l'agitation de son ame, tandis que nous serons seuls, que nous nous livrerons à tout notre amour, ah ! Saturnin, que tu parles de ce jour avec indifférence, & que les plaisirs qu'il te promet te touchent peu, si tu as la force de les attendre deux jours ! Je sentis toute la force de son reproche.

L'impossibilité de lui en prouver l'injusti-ce, me mettoit au désespoir : une foule de réflexions cruelles vint se présenter à mon imagination : quels tristes retours sur les plaisirs que je venois de goûter avec Mada-me Dinville ! Je les maudissois, je les détestois, je me défolois : Ciel ! m'écriois-je au fond de mon cœur, je fuis avec Suzon, j'aurois donné mon fang pour jouir de ce bonheur, j'y fuis & je ne puis en profiter, je fuis épuifé, je n'ai pas même la force de former un defir ! Hélas, de quoi me ferviroit-il d'en former, fi je n'ai pas celle de les fatisfaire ! Au milieu de cette confufion de penfées, je me reffouvins des paftilles que Madame Dinville m'avoit données ; je jugeai que l'effet devoit en être femblable à celui de fon eau : ne doutant pas qu'il ne fût auffi prompt, j'en avalai quelques-unes. L'efpoir de défabufer bientôt Suzon me la fit embraffer avec une ardeur qui nous trompa tous deux : Suzon qui la prit pour un témoignage de mon amour, & moi qui la regardai comme une marque du retour de ma vigueur, Suzon abufée par l'idée du plaifir qu'elle comptoit que j'allois lui donner, tomba fur fon lit à demi pâmée. Quoique je me défiaffe encore de moi-même, j'aurois cru l'accabler de douleur, fi je ne m'étois pas mis en état de juftifier l'efpérance qu'elle venoit de concevoir : je me couchai fur elle, & collant ma bouche fur fa bouche, je lui mis mon vit dans la main : il étoit encore mou, mais je crus que fon fecours hâtant l'effet des paftilles, il feroit bientôt dans l'état où je le fouhaitois : elle le ferroit, elle le remuoit,

elle le branloit, & rien n'avançoit. Je fis des
efforts cent fois plus grands que ceux que
je venois de faire avec Madame Dinville.
J'avois beau faire, un froid mortel m'avoit
glacé le corps : c'eſt Suzon, diſois-je, c'eſt
ma chere Suzon que j'embraſſe, & je ne bande pas ! je baiſe ſes tetons, ſes deux charmans
tetons que j'idolâtrois hier, ne ſont-ils plus
les mêmes aujourd'hui ? Ils n'ont rien perdu
de leur rondeur, de leur dureté, de leur blancheur : cette peau, que je touche, eſt auſſi
douce & auſſi belle qu'elle étoit quand ſa vûe
m'enchantoit : ſes cuiſſes, que je preſſe contre mes cuiſſes, ne ſont-elles pas brûlantes
comme elles l'étoient hier ? Elle les écarte,
j'ai le doigt dans ſon con, hélas ! & je n'y
peux mettre que le doigt ! Suzon ſoupiroit
de ma foibleſſe, je maudiſſois le funeſte préſent de Madame Dinville, je m'imaginois
qu'elle avoit prévû ce qui devoit m'arriver
en ſortant de chez elle, & que, pour me dé-
ſeſpérer, elle avoit voulu achever avec ſes
paſtilles l'épuiſement où elle m'avoit mis.
L'opiniâtreté de ma froideur confirma ſi
bien cette penſée, que quelque honte que
j'enviſageaſſe à avouer mon impuiſſance à
Suzon, j'étois prêt à le faire, quand je ſortis
d'embarras d'une maniere à laquelle je n'a-
vois pas lieu de m'attendre. On va penſer
que l'amour fit tout-à-coup un miracle en ma

faveur, que je bandai, que j'enconnai, que je foutis : point du tout ; une main invifible, ouvrant avec fracas les rideaux de mon lit, vint m'appliquer le plus épouvantable foufflet que j'euffe fenti de ma vie. Effrayé de cet étrange accident, je n'eus pas la force de crier ; à peine eus-je celle d'ouvrir la porte & de fuir, laiffant là Suzon expofée à la fureur du fpectre, car je ne doutois pas que ce n'en fût un. Je fortis du château en diligence, & je tremblois encore dans mon lit, où je m'étois mis en arrivant chez le Curé, à qui je fis un récit détaillé d'un fpectacle que je n'avois pas eu, & que mon imagination troublée me faifoit croire à moi-même véritable. Je n'en impofai au Pafteur que fur le lieu de la fcene, que je n'eus garde de mettre dans la chambre de Suzon.

La frayeur jointe à l'épuifement, me jetta dans un abbattement qui me procura un profond fommeil. Je me réveillai le lendemain avec le même accablement : je voulus me lever, il me fut impoffible. Surpris d'une laffitude que je ne pouvois attribuer qu'à l'exercice de la veille, quoiqu'alors diffipé par la vivacité de l'action, je ne l'euffe pas fentie, je connus pour la premiere fois combien il eft néceffaire de fe ménager dans fes tranfports amoureux, & ce que coûte une complaifance trop aveugle pour les defirs de ces

Syrenes

Syrenes voluptueufes, qui vous fucent, qui vous rongent, & qui ne vous lâcheroient qu'après avoir bû votre fang, fi leur inté- rêt, foutenu de l'efpérance de vous attirer encore par leurs careffes, ne les retenoit. Pourquoi ne fait-on ces réflexions qu'après coup? En amour la raifon n'éclaire jamais que notre repentir.

Le repos avoit infenfiblement effacé de mon efprit l'impreffion des idées lugubres que la frayeur y avoit tracées; mais devenu tranquille fur mon compte, mon cœur n'en reffentit que plus vivement les inquiétudes que lui caufoit l'incertitude du fort de Su- zon. Je me repréfentois avec un friffon d'horreur, l'état où je l'avois laiffée. Elle fera morte, difois-je triftement; timide comme je la connois, il n'en falloit pas tant pour lui donner la mort. Elle n'eft donc plus, continuois-je, accablé par cette ré- flexion cruelle! Suzon n'eft plus! Ah, Ciel! mon cœur, que ces douloureufes penfées avoient ferré d'abord, s'ouvrit bientôt après à un torrent de larmes, & j'en verfois en- core, quand je vis entrer Toinette, qu'on avoit inftruite de ma maladie. Sa vûe m'é- pouvanta: je tremblois qu'elle ne vînt me confirmer un malheur dont je ne doutois plus, & je mourois d'envie de me l'enten- dre répéter de fa bouche. Il n'en fut pas

V

queftion, & fon filence fur ce fujet, joint à celui de tout le monde, me fit croire que ma douleur pouvoit être fans fondement. J'en vins jufqu'à penfer que Suzon en avoit peut-être été quitte, comme moi, pour la frayeur. Le chagrin que j'avois reffenti de fa mort, fit place à la curiofité de fçavoir ce qui s'étoit paffé dans fa chambre après mon départ; mais c'étoit une curiofité que je ne pouvois fatisfaire qu'après mon réta-bliffement.

Les deux jours de repos que Madame Dinville m'avoit accordés, étoient expirés, nous étions au troifieme, & quoique je com-mençaffe à me fentir une vigueur qui m'af-furoit de ma guérifon, je ne fus nullement tenté de lui aller chercher de l'exercice au château : le fouvenir de ce qui m'y étoit ar-rivé agiffoit encore fi puiffamment fur mon imagination, qu'il étouffoit mes defirs avant leur naiffance. Je ne fongeois cependant qu'avec chagrin à l'obftacle que cette fu-nefte aventure avoit mis aux plaifirs que je m'étois promis d'avoir avec Suzon. Cette réflexion me fit penfer aux paftilles de Ma-dame Dinville, & uniquement dans la vûe d'éprouver jufqu'à quel point elles pour-roient faire monter ma nouvelle vigueur, j'en mangeai ce qui me reftoit. Je ne dirai pas fi leur effet fut vif ou lent ; mais après

avoir dormi d'un profond sommeil, occa-
sionné ou non par cette drogue luxurieufe,
je me réveillai par la force de l'érection que
je fentois. J'en aurois été effrayé, & j'aurois
craint que mes nerfs, dont la tenfion pro-
digieufe me faifoit une vive douleur, ne fe
rompiffent, fi je n'euffe éprouvé prefque la
même chofe chez Madame Dinville : j'étois
fort embarraffé. Qu'on rie de mon embarras, que l'on me dife, fi l'on veut: Hé quoi,
brave Dom-Bougre, n'aviez-vous pas quatre
doigts & le pouce à la main, fecours certain & infaillible contre l'intempérance de
la chair? Demandez plutôt à ces caffarts de
Prêtres, à ces hypocrites qui portent la
mortification fur leurs faces blêmes & hi-
deufes, & la luxure, la paillardife la plus
fenfuelle dans leur cœur corrompu. Comment font-ils? On ne trouve pas toujours un
bordel, une dévote fous fa main; mais on
a toujours un vit, ils s'en fervent, ils fe
branlent jufqu'à fe faire venir cette couleur
pâle que les fots prennent pour l'effet de
leurs auftérités : que ne vous ferviez-vous
de la même recette, n'eft-elle pas fouverai-
ne? Je le fçavois; mais il n'y avoit pas long-
tems qu'il m'étoit arrivé de me trouver bri-
fé, moulu, impotent, pour m'en être un peu
trop donné. Je me fentois des difpofitions
à m'en donner encore peut-être un peu

plus que de raison, & je n'étois pas fort curieux de me revoir dans le même état. J'étois en garde contre la tentation ; je me contentois de me *branloter*, de donner de tems en tems quelques petites fecouffes, de faire venir le plaifir jufqu'à ma portée, & de m'arrêter tout-à-coup, puis de recommencer, & cela m'amufoit. Le plaifir n'eft pas fi grand que quand vous faites le cas ; mais vous avez la faculté de le répéter autant de fois que vous le jugez à propos. Votre imagination fé joue, voltige fur tous les objets qui vous ont charmés les yeux : c'eft la brune, c'eft la blonde, c'eft la petite, c'eft la grande, avec un coup de poignet vous foutez toute la terre ; vos defirs ne connoiffent pas l'intervalle des conditions, ils vont jufques fur le trône, & les Beautés les plus fieres, forcées de céder, vous accordent tout ce que vous leur demandez. Du trône vous defcendez rapidement à la grifette ; vous vous repréfentez une fille timide, qui n'a pas encore effayé des plaifirs de l'amour, qui ne connoît la nature de vos defirs que par ceux qu'elle reffent ; vous lui donnez un baifer fur la bouche, vous la voyez rougir, vous levez fans obftacle un mouchoir qui vous cachoit une gorge naiffante, qui palpite, qui foupire ; vous defcendez plus bas, vous trouvez un petit conin chaud, brûlant, vous lui faites faire une réſiſtance que l'intérêt de votre plaiſir augmente, diminue, fait évanouir à ſon gré.

Le plaiſir eſt d'un naturel vif & ſemillant : s'il étoit poſſible de le comparer à quelque choſe, je le comparerois à ces feux qui ſortent bruſquement de la terre, & qui s'évanouiſſent au moment que votre œil, frappé par l'éclat de leur lumiere, cherche à en pénétrer la cauſe. Oui, voilà le plaiſir, il ſe montre & s'échappe : l'avez-vous vû ? Non : les ſenſations qu'il a excitées dans votre ame, ont été ſi vives, ſi rapides, qu'anéantie par la force de ſon impulſion, elle s'eſt trouvée dans l'impuiſſance de le connoître. Le vrai moyen de le tromper, de le fixer, de le forcer à demeurer avec vous, c'eſt de badiner avec lui, de l'appeller, de le conſidérer, de le laiſſer échapper, de le rappeller, de le laiſſer fuir encore pour le retrouver enfin, en vous livrant tout entier à ſes tranſports.

J'étois dans cette occupation, la nuit étoit déja fort avancée, j'allois finir mon badinage, pour m'abandonner au ſommeil, quand, malgré l'obſcurité, j'entrevis quelqu'un en chemiſe qui paſſoit aux pieds de mon lit, & qui diſparut dans l'inſtant. Je fus moins effrayé que réveillé par une pareille viſion. Je penſai que c'étoit cet Abbé dont je vous ai parlé dans le portrait de Mademoiselle Nicole : c'eſt lui, dis-je en moi-même, oui, c'eſt lui; où va ce Bougre-là ? Foutre Nicole : ira-t'il tout ſeul ? Non parbieu, car je vais le ſuivre. Je me jette en bas du lit : j'étois en habit de combat, c'eſt-à-dire en chemiſe, je ſçavois les êtres. Je gagnai un petit corridor où étoit la chambre de la Belle, je marchois à tâtons, & j'entrai dans une chambre dont la porte n'étoit pas fermée; je la repouſſai, & je m'approchai avec beaucoup de circonſpection, du lit où je croyois nos amans occupés à prendre leurs ébats. J'alongeai la tête, en prêtant une oreille attentive, j'attendois que leurs ſoupirs m'appriſſent ſi mon tour tarderoit long – tems à venir. J'entendois reſpirer quelqu'un, mais ce quelqu'un paroiſſoit être ſeul. Ne ſeroit-il pas venu, dis-je alors bien étonné ? Non aſſurément il n'y eſt pas, pourſuivois-je, en redoublant d'attention, il n'y eſt pas! Oh parbleu, Monſieur l'Abbé, vous n'en tâterez, ma foi, que d'une dent. Dans le moment je coulai la main entre les jambes de ma belle dormeuſe, & je me hazardai à lui donner un baiſer ſur la bouche. Ah, me dit-on d'une voix baſſe, que vous vous êtes fait attendre, je dormois, montez donc! Ma foi je montai dans le lit, & bientôt ſur ma Vénus. Elle me reçut aſſez froidement dans ses bras : je fus sensible à cette marque d'indifférence qu'elle s'imaginoit donner à un amant que je croyois aimé tendrement. Je m'applaudissois de l'heureux succès que la fortune avoit pris soin de donner à mes desirs, & je la remerciois du moyen qu'elle me procuroit de tirer une vengeance aussi douce des mépris de ma tigresse, je la baisois à la bouche, je lui pressois les yeux avec mes levres, je me livrois à des transports d'autant plus vifs, qu'on leur avoit toujours refusé la liberté d'éclater. Je lui maniois les tetons, cette gorge charmante (assurément Nicole en avoit une des plus belles), ferme, élevée, grasse, blanche, des tetons bien séparés, bien formés, durs, en un mot, une gorge accomplie. Je nageois sur un fleuve de délices ; enfin j'achevai un ouvrage que j'avois souhaité tant de fois faire avec cette Divinité. Je lui en donnai une si bonne dose, qu'il me parut par ses hélas, ses exclamations & ses transports, qu'elle ne s'attendoit pas d'être si bien régalée. A peine eus-je fourni la carriere, que ne me sentant que plus animé par cette premiere course, je repris du champ ; & par une seconde, qui ne fut pas moins vigoureuse que la premiere, je donnai une nouvelle matiere à ses éloges : je l'avois mise en goût, & je jugeai, aux ca-

reſſes, aux noms tendres qu'elle me prodiguoit, qu'elle n'attendoit qu'une troiſieme
preuve de valeur pour mettre cette nuit au-
deſſus de toutes celles qu'elle diſoit que nous
avions paſſées enſemble. Quoique je ſentiſſe
encore mon fourniment aſſez bien garni
pour lui donner cette ſatisfaction, la crainte
d'être ſurpris par l'Abbé, amortit un peu
mon courage. Je ne ſçavois à quoi attribuer
ſa lenteur : je ne pouvois en accuſer qu'un
changement de réſolution. Sur cette penſée,
je crus que je pouvois reprendre haleine,
& ne pas précipiter mes coups comme je
venois de le faire.

Deux décharges abattent un peu les fu-
mées de l'amour, l'illuſion ſe diſſipe, l'eſprit
rentre dans ſes fonctions, les nuages, dont
la force de la paſſion l'obſcurciſſoit, s'évanouiſſent, les objets ceſſent alors d'être ce
qu'ils étoient, l'eſprit leur aſſigne leur véritable prix. Les belles y gagnent, les laides y perdent, tant pis pour elles ; je voudrois, en paſſant, donner un conſeil à celles-
ci. Laides, quand vous accordez vos faveurs
à quelqu'un, ménagez-les, ne l'en accablez
pas ; quand on n'a plus rien à deſirer, on
ne deſire plus ; la paſſion s'éteint par une
jouiſſance trop complette. Prenez-y garde, vous n'avez pas les mêmes reſſources
qu'une Belle à qui ſes charmes promettent
un

un prompt retour de ces defirs qu'elle vient d'affouvir, qu'elle vient de voir éteindre, & que le moindre fourire, la moindre careffe va rallumer avec plus de feu.

La réflexion que je viens de faire quadre le mieux du monde avec ce que j'éprouvai. Je m'amufois à parcourir avec la main les beautés de ma Nymphe, j'étois furpris de trouver une différence dans les mêmes chofes que je maniois actuellement, & que j'avois maniées un moment auparavant. Ses cuiffes, qui m'avoient parues douces, fermes, remplies, unies, étoient devenues ridées, molles, feches, fon con n'étoit plus qu'une conaffe, fes tetons que des tetaffes, ainfi du refte. Je ne pouvois concevoir un pareil prodige, j'accufois mon imagination de s'être refroidie, je voulois du mal à ma main du rapport trop fidele qu'elle lui faifoit : ce n'eft pas que ces témoignages incertains m'euffent empêché de livrer un troifieme affaut ; j'allois m'y préfenter, & déja on fe préparoit à le recevoir, quand nos oreilles furent frappées par un charivari qui fe fit entendre dans la chambre voifine, que je prenois pour celle de la Dame Françoife, notre vénérable gouvernante. Ah! le chien, crioit une voix enrouée! ah! la miférable! ah! la..... A ces mots, ma mignonne, que j'étois prêt d'enconner, me repouffant, me dit : Ah! mon

X

Dieu! que fait-on à notre fille? Eſt-ce qu'on la tue? Allez donc voir. Je ne répondois pas; frappé du diſcours que l'on venoit de me tenir, je ne ſçavois où j'en étois: notre fille, diſois-je, Nicole auroit-elle une fille? Le bruit continuoit, & l'on continuoit de me preſſer d'aller au ſecours, je ne m'en remuois pas davantage: on s'impatiente, on court au fuſil, on allume de la chandelle, & à la faveur de la lumiere, je reconnois, le dirai-je, la Dame Françoiſe, cette vieille.... Ah! quand je me rappelle ce déſagréable moment, je demeure encore pétrifié, comme je le fus à la vûe de ce fantôme. Je vis bien que je m'étois trompé de porte, & je me mordois les doigts dans la rage où j'étois de me voir la dupe de ce miſérable Abbé, ou plutôt de mon impatience qui ne m'avoit pas permis de faire attention à la diſpoſition des lieux. Je jugeai que Monſieur le Curé s'étant apparemment trouvé en humeur de s'ébaudir cette nuit-là avec ſa gentille chambriere, l'avoit avertie de ſe tenir prête pour la danſe, & que c'étoit ce qui m'avoit attiré le tendre reproche que la Dame, qui me prenoit pour le Paſteur, m'avoit fait ſur ma lenteur à me rendre à mon poſte; que le ſaint Prêtre, pour éviter le ſcandale, avoit attendu que la nuit fut plus avancée pour tenir à ſa beauté la parole qu'il lui avoit donnée, &

que trompé par l'obfcurité, il étoit tombé dans la même erreur que moi, ou peut-être que trouvant la porte de la chambre de fa chere niece ouverte, la tendreffe l'avoit fait courir à fon lit, où il l'avoit trouvée plus occupée qu'elle ne devoit l'être ; que frappé de l'idée d'infamie dont elle couvroit fon front refpectable, il s'étoit jetté à travers les combattans, & leur avoit dit à tous les deux plus que leur nom, & même donné des témoignages de fa colere plus forts que jeu. Mais le bruit redouble, ils s'étranglent, quel tintamare effroyable : eh! vîte, Madame Françoife, volez fur le champ de bataille, l'honneur, l'amour, la curiofité, la tendreffe maternelle, tout vous en fait une loi : allez féparer des ennemis fi chers, & dont la mort vous feroit mourir de douleur ; mais au nom de Dieu, laiffez la porte ouverte pour que je puiffe me fauver : oh! la chienne, elle la ferme à double tour ! Malheureux Saturnin, comment vas-tu faire, comment vas-tu t'échapper ? La Dame Françoife va s'appercevoir que ce n'eft pas avec le Curé qu'elle a eu affaire, le Curé va entrer ici, il va te trouver ; ah! pauvre diable, quel orage de coups va fondre fur ta peau ! Tu payeras pour les autres. Telles étoient les penfées qui m'agitoient, tandis qu'on chamailloit dans la chambre voifine. J'avois effayé d'ouvrir la porte, mais inutilement : réduit à pleurer ma malheureuse situation, je m'y abandonnois lâchement, insensé que j'étois, comme si je n'eusse pas déja éprouvé que telle est la condition des hommes, que leurs biens & leurs maux ont une liaison si étroite, se suivent de si près, qu'au sein du malheur même on ne doit pas désespérer de son bonheur ; que souvent, au moment que vous vous croyez accablé par les coups redoublés du sort en courroux, le hazard fait éclore de votre malheur les jours les plus rians & les plus fortunés. O divine Providence ! c'est en vertu de tes sages décrets que nous voyons opérer ces merveilles, & cette vicissitude étoit sans doute nécessaire pour corriger le désordre de nos passions.

Au moment que caché sous le lit, où je m'étois réfugié, je me livrois au désespoir, la fortune tournoit sa roue ; le bruit n'avoit fait qu'augmenter à la vûe de ladite Françoise, à qui le chandelier étoit tombé des mains à l'aspect du Curé qu'elle croyoit dans sa chambre : elle prit celui qu'elle voyoit pour un spectre. Qu'on se peigne cette scene, si j'en avois été témoin, j'en épargnerois la peine ; mais la connoissance des parties me met en état de fournir des idées qui peuvent contribuer à la perfection du tableau. Qu'on se figure, si l'on veut, Monsieur le Curé,

nud en caleçons, un bonnet gras fur la tête,
fes petits yeux étincellans, la grande bouche écumante, frappant comme un fourd fur
l'Abbé & fur la niece. Qu'on fe repréfente
ces deux tendres amans, la belle tremblante
& s'enfonçant le plus qu'elle peut dans fon
lit pour fe dérober aux coups, l'Abbé tantôt
fe cachant fous la couverture, & tantôt tirant la tête hors du lit, & alongeant de vigoureux coups de poing fur la phyfionomie
du Pafteur qui rugit. Qu'on fe trace la figure
d'une Mégere en chemife, qui, la chandelle
à la main, s'approche du lit, veut crier, &
au même moment demeure interdite, la bouche béante, les yeux égarés, & tombe de
frayeur fur une chaife, après avoir laiffé tomber fa lumiere.

L'Abbé, autant que j'en fus juge par le
filence qui regna tout-à-coup, craignant
d'être reconnu, s'étoit élancé hors du lit,
& avoit voulu gagner le large. Le Pafteur
l'avoit fuivi en courant après lui. Dans le
moment j'entendis ouvrir ma porte avec
précipitation, & fur le champ la refermer
avec la même vîteffe. Je tremblois : on vint
fe coucher fur le lit, nouveau fujet de fraïeur.
Je croyois que c'étoit Françoife, & que le
Curé alloit bientôt venir. La feuille n'eft pas
plus agitée par le vent, que mon cœur l'étoit
alors par la crainte. Cependant tout étoit

calme, & cette Françoise qui étoit sur le lit,
pleuroit & jettoit de profonds soupirs. Tout
cela mettoit mes idées dans une confusion
incroyable. Que penser de ces pleurs ? Pourquoi Françoise pousse-t-elle des soupirs ?
Pourquoi est-elle revenue ? Le Curé viendra-
t-il, ne viendra-t-il pas ? Ah ! que l'incertitude est une peine cruelle ? Il me venoit de
tems en tems des envies de sortir ; mais la
crainte d'être rencontré par le Pasteur me
retenoit toujours dans mon poste : j'en sortis
à la fin, j'allois m'évader, le diable m'arrêta.
J'entendois quelque chose au fond de mon
cœur qui me disoit : Tu vas te coucher, nigaud, & tu bandes encore : tu as le courage
d'abandonner Françoise à son chagrin, tu
crains de la consoler, c'est bien la moindre
chose que tu lui doives : elle t'a accablé de
caresses si tendres, refuseras-tu d'essuyer ses
larmes ? Elle est vieille, d'accord ; laide,
soit : mais n'a-t-elle pas un con, nigaud ? Ma
foi, seigneur diable, vous aviez raison.

Un con n'est jamais qu'un con,
Quand on bande tout est bon.

Va, va, continua la voix intérieure, l'o-
rage est passé, il n'y a plus rien à craindre,
remets-toi dans le lit. Je succombai à la tentation, je m'y remis ; je commençai par me
coucher avec beaucoup de discrétion sur le

bord ; mais toute ma politesse ne put arrêter
un cri de frayeur qui partit, & fut dans l'instant étouffé par la crainte d'être entendu :
je sentis qu'on se retiroit dans le coin du lit.
Une pareille façon d'agir augmentoit ma
surprise : je crus que je la ferois bientôt cesser en expliquant mes intentions, & cette
explication fut de porter la main entre les
cuisses de ma vieille : elles étoient redeve-
nues tout ce qu'on pouvoit les souhaiter pour
exciter les plus vives émotions, plus douces
& plus fermes qu'elles ne me l'avoient encore paru. Ma main ne s'y arrêta pas long-
tems, quelque plaisir qu'elle y sentît ; elle
passa au conin : je dis conin, & non pas co-
nasse, parce que ce n'en étoit plus une : la
motte, le ventre, les tetons, la gorge, tout
étoit devenu aussi doux, aussi uni, aussi élastique qu'à une jeune fille. Je maniois, on me
laissoit faire ; je baisois, je suçois avec toute
la vivacité que l'idée de jeune & de jolie
peut inspirer, point de résistance. Au contraire, mon feu rallumoit celui de la belle :
elle cessoit de soupirer, & se rapprochoit insensiblement de moi, je m'approchois d'elle.
Je fus bientôt en état de lui faire sentir que
je sçavois changer les soupirs de tristesse en
soupirs d'amour. Je l'enconnai : Ah ! me dit-
elle alors, mon cher Abbé, quel hazard a
pû te conduire ici ? Que ton amour va me

coûter de larmes ! Ce tendre difcours m'auroit arrêté tout court, fi le tranfport qui
m'animoit m'eût permis de faire autre chofe
que fentir, que ferrer tendrement ma Nymphe, que répondre aux vives careffes dont
elle m'accabloit, par des careffes auffi vives,
que confondre mes foupirs avec les fiens, &
de fceller enfin par des élancemens de volupté réciproques, les délices qui les avoient
précédés.

L'extafe finit : je me rappellai les paroles
qu'on venoit de m'adreffer ? Où fuis-je, dis-
je alors ? Eft-ce avec Françoife ? Quelle différence entre le plaifir que je viens de goûter, & celui que j'ai déja goûté ! Mais elle
me prend pour l'Abbé, elle me dit que mon
amour va lui coûter des larmes, partageroit-
elle avec Nicole les hommages de ce faquin-
là ? Elle eft apparemment jaloufe, la bonne
Dame : elle croyoit poff
éder toute feule le
cœur de fon mignon. Pourquoi eft-elle vieille, pourquoi eft-elle laide ? Malgré fa lai-
deur, j'eus encore affez de hardieffe pour
m'expofer au défagrément de l'examen dont
je m'étois fi mal trouvé après les premiers
coups. Ma main impatiente brûloit de re-
tourner fur fon corps fec & décharné ; &
quoique je fentiffe que le dégoût feroit le
prix de mon imprudence, & que, fi je voulois encore courir une pofte, le meilleur
parti

parti étoit d'attendre le retour de ma vigueur, fans le précipiter par un badinage
qui pourroit bien au contraire l'éloigner.
Je hazardai de porter la main ; mais, ô furprife délicieufe ! je retrouvai par - tout la
même fermeté, le même embonpoint, la même chaleur, la même douceur. Que veux
dire ceci, repris-je alors ; eft-ce Françoife,
ne l'eft-ce pas ? Non affurément, ce ne peut
être que Nicole. O Ciel ! c'eft Nicole ! J'en
ai pour garand le plaifir qu'elle m'a déja
donné, & la continuation de ce plaifir que
je reffens encore à la toucher. Elle fe fera
échappée de fon lit, elle aura profité de la
foibleffe de Françoife pour venir fe placer
ici comme dans un réfuge, elle s'imagine
que fon amant eft auffi venu s'y cacher. Je
retrouvois dans cette explication l'inter-
prétation toute naturelle des paroles qu'elle
m'avoit adreffées. Rempli de cette penfée,
je fentis les defirs qu'elle m'avoit autrefois
infpirés, renaître avec plus de force : le
croira-t'on, j'eus regret aux plaifirs que je
croyois n'avoir eus qu'avec Françoife, parce
que c'étoit autant de diminué fur ceux que
j'allois goûter avec Nicole. Je me mis bientôt en état de récompenfer le tems perdu.
Ma chere Nicole, lui dis - je en la baifant
tendrement, & en tâchant de contrefaire la
voix de l'Abbé, de quoi t'occupes-tu ? Peux-

Y

tu te laisser aller à la tristesse, quand l'heureux hazard, qui nous rassemble, veut que
nous nous livrions à tout notre amour? Fou-
tons, ma chere enfant, noyons notre malheur dans le foutre. Que tu me fais de plaisir, me répliqua-t'elle, en répondant à mes
caresses, ta douleur augmentoit la mienne:
ouï, profitons du seul moyen que nous ayons
de nous consoler; arrive tout ce qui pourra,
tant que j'aurai cela dans la main, continua-t'elle en me prenant le vit, je ne crain-
drai pas la mort même; n'appréhendes pas
qu'on vienne nous interrompre, j'ai retiré
la clef, ils ne peuvent entrer qu'en jettant
la porte en-dedans. Charmé de cette heureuse précaution, qu'il sembloit que l'a-
mour même, qui prenoit soin de mes inté-
rêts, lui eût inspirée, je la caressois avec un
nouveau plaisir: mon vit, qu'elle tenoit toujours dans sa main, étoit d'une roideur qui
l'enchantoit. Vîte donc, lui dis-je, mets-le
dans ton cher conin, Nicole; que tu me
fais languir! Elle ne se pressoit pas, elle
continuoit de serrer mon vit, & paroissoit
surprise de sa grosseur, qu'elle prenoit pour
l'effet de ses caresses. Je voulus le mettre
moi — même. Attends, mon cher ami, me
répondit-elle en me pressant dans ses bras,
laisse — le devenir encore plus gros & plus
long: ah je ne l'ai jamais vu si beau, est-il

augmenté cette nuit ? (L'Abbé n'étoit pas
apparemment si bien partagé que moi des
dons de la nature.) J'aurois ri de la pensée
de Nicole, si je n'avois pas été en humeur
de faire autre chose. Ah, que je vais avoir
de plaisirs, reprit - elle en se le mettant !
Pousse, cher ami, pousse. Il n'étoit pas besoin de me le dire ; j'enfonçai, & m'appe-
santissant sur sa gorge, sur son sein, je le
couvrois de baisers de feu, je restois immobile, j'y mourois. Fais donc, me dit Nicole, en se remuant avec des transports qui
me tirerent de mon assoupissement extasi-
que, fais donc. Je me mis aussi-tôt à lui alon-
ger des coups de cul, des coups de vit, qui
lui alloient, disoit-elle, jusqu'au cœur. Que
ceux qu'elle me rendoit alloient bien plus
loin ! Ils portoient le feu, ils me lançoient
des torrens de délices jusqu'aux parties les
plus reculées de mon corps ! O décharge !
tu es un rayon de la Divinité, ou plutôt
n'es-tu pas la Divinité même ! Pourquoi ne
meurt-on pas dans tes transports ? La mere
du Dieu des bûveurs ne mourut - elle pas,
quand Jupiter cédant à ses instances, la foutit en Dieu ; car ne vous y méprenez pas,
Messieurs les Mytologistes, ce n'est pas l'ap-
pareil, l'éclat, ni la majesté du Souverain
des Cieux, qui ravirent le jour à Semelé,
c'est le foutre embrasé qui sortoit de son vit.

Mahomet, je fuis ta loï, je fuis ton plus fidele Croyant; mais tiens-moi parole, fais-moi jouir pendant mille ans des embraffemens continuels, du plaifir toujours renaiffant de la décharge délicieufe que tu promets à tes fideles avec tes *Houris*, rouges, blanches, vertes, jaunes, la couleur n'y fait rien, que je décharge, c'eft tout pour moi.*

Nicole étoit enchantée de moi, j'étois enchanté de Nicole. Quelle différence entre une vieille & une jeune ! Une jeune le fait par amour, une vieille ne le fait que par habitude. Vieillards, laiffez la fouterie à la jeuneffe, c'eft un travail pour vous, c'eft un plaifir pour elle.

Mon vit plus dur qu'il ne l'étoit avant l'action, reftoit dans fon étui fans s'amollir. Nicole me ferroit avec plus de feu, & le même feu qui m'animoit, me la faifoit ferrer avec plus de roideur encore : elle ne m'auroit pas lâché pour un trône, je ne l'aurois pas quittée pour l'empire de l'univers. Bientôt un mouvement nous fit recourir

* *Comme la Religion Mahométane n'eft faite que pour le plaifir de la couille, Mahomet n'a pas oublié de placer dans fon Paradis des efpeces de Devizules capables de le procurer : ce font ces Houris rouges, blanches, jaunes, vertes, à difcrétion.*

après ce que nous venions de perdre : l'imprudence est le partage de l'amour, le bonheur vous éblouit, vous en êtes trop occupé, pour penser qu'il peut s'évanouir. Nous
nous trahîmes par nos transports : le lit étoit
appuyé contre la cloison de la chambre voisine, nous ne songions pas que Françoise
étoit dans cette chambre, qu'elle pouvoit
se réveiller au bruit que nous faisions par
les secousses indiscrettes que nous donnions
au lit, qui, frappant contre cette cloison,
l'eût bientôt mise au fait de ce qui se passoit
dans sa chambre. Plus vîte que l'éclair, elle
accourt à la porte, point de clef : comment
faire ? Appeller Nicole, elle le fit. A cette
voix terrible, nous fûmes glacés d'effroi,
nous nous arrêtâmes tout court, & la vieille
cessa de crier ; mais nous cessâmes bientôt
d'être sages. Trop animés pour rester long-
tems dans une inaction aussi gênante, nous
reprîmes notre ouvrage : mais quoique nous
le fissions avec toute la discrétion possible,
la vieille qui avoit l'oreille au guet, ne prit
pas le change. Elle démêla dans le bruit
sourd de nos soupirs, & des mots interrompus qui nous échappoient, le motif de notre silence ; nouveau tapage. Nicole, crioit-
elle en frappant contre la cloison, misérable
Nicole, finiras-tu ? Nouvelles allarmes
de notre part ; mais me mettant bientôt au-

deffus de la crainte, je dis à Nicole que, puifque nous étions découverts, il étoit inutile de nous gêner. Elle approuva par fon filence cette réfolution courageufe, & me donnant elle-même le premier coup de cul, en me remettant fa langue dans la bouche, elle me piqua d'honneur, & tels que de généreux guerriers qui, bravant dans leurs lignes le feu d'une artillerie meurtriere, braquée contr'eux fur un rempart, continuent tranquillement leur ouvrage, & rient du bruit impuiffant du canon qui gronde fur leurs têtes, nous travaillâmes intrépidement au bruit des coups que Françoife donnoit contre la cloifon. Nous achevâmes, & foit que l'interruption, foit que le bruit que la vieille faifoit encore, eût donné une pointe de vivacité à nos plaifirs, nous nous avouâmes réciproquement que nous n'en avions pas encore goûtés d'auffi vifs.

Le faire cinq fois en fort peu de tems, ce n'étoit pas mal s'en tirer pour un convalefcent, convalefcent encore de quelle maladie ! Je fentois cependant que je n'étois pas tout-à-fait hors de combat : il falloit avoir de la fageffe pour ne pas fe laiffer aller, je l'eus cette fageffe, je triomphai de mon envie. Il faut pourtant convenir que la réflexion eut bonne part dans ma modération ; la Dame Françoife pourroit à la fin s'impa-

tienter de ce petit manege, des honnêtes
remontrances paſſer aux cris, des cris que
ſçais-je, ſonner le tocſin ſur nous, ou peut-
être venir faire ſentinelle à notre porte :
s'expoſer aux riſques d'être arrêtés au paſſage, mauvaiſe affaire ; reſter dans la chambre aſſiégés juſqu'au jour ; au bout du compte, il auroit ſallu ſortir, comment ? Nuds :
cela n'auroit pas été honnête, un jeune homme, une jeune fille dans cet équipage-là. Le
parti le plus ſûr étoit de faire une prompte
retraite : je la fis ; mais avant que de gagner
mon lit, je jugeai prudemment que je ne
ſerois qu'un ſot, ſi je laiſſois ſubſiſter dans
l'eſprit de Nicole l'opinion trop avanta-
geuſe que j'y avois fait naître ſur le compte
de l'Abbé, il en auroit trop coûté à mon
amour-propre de faire à ce marouffle le ſacrifice de la gloire que je venois d'acquérir
ſous ſon nom. De la vanité à moi, cela vous
fait rire, Lecteur, n'eſt-il pas vrai ? J'aurois
voulu vous voir à ma place. Je vous ſup-
poſe rival comme je l'étois, & ſenſible au
plaiſir de vous venger, je gage que vous
auriez été auſſi fat que moi, & que vous auriez dit, comme je le fis : Ma belle Nicole,
vous ne devez pas être mécontente de moi ?
Là-deſſus elle vous auroit aſſuré que ſon
cœur étoit charmé. N'eſt-il pas vrai, auriez-
vous repris, que vous n'en attendiez pas

tant d'un petit drôle que vous avez toujours méprisé? Vous aviez tort, & il ne méritoit pas le traitement que vous lui avez fait; car vous voyez que les petits valent bien les grands; adieu ma chere Nicole, je m'appelle Saturnin, pour vous fervir; vous l'auriez embraffée, & puis vous l'auriez laiffée là, bien étourdie de votre compliment: vous auriez gagné la porte, vous l'auriez ouverte (on avoit laiffé la clef dans la ferrure), & vous auriez été vous recoucher tranquillement dans votre lit. Dieu veuille que vous l'euffiez fait auffi heureufement que moi!

Frappé de la bizarrerie des aventures qui venoient de m'arriver, j'attendois avec impatience que le jour vînt m'apprendre quelles feroient les fuites d'une nuit auffi finguliere: j'étois charmé du défaftre de l'Abbé, & de ma bonne fortune. Comme perfonne (excepté Mademoifelle Nicole, fur la difcrétion de laquelle je pouvois compter) ne me foupçonnoit de rien, je me faifois d'avance une comédie de la figure que je verrois faire à nos acteurs nocturnes, & je me promettois d'autant plus de plaifir, que je ferois le feul à qui elle devoit être indifférente. Monfieur le Curé, difois-je, aura un air fombre, taciturne, fera de mauvaife humeur, feffera; qu'il feffe, ce ne fera pas moi,

moi, ou je jouerai de malheur. Françoile examinera tous les Ecoliers l'un après l'autre, avec des yeux dont la fureur rendra l'écarlate plus vif & plus brillant : elle cherchera, parmi les grands, celui sur qui elle doit se venger, non des plaisirs qu'elle a eus, mais de ceux qu'il a donnés à sa fille : si elle me reconnoît, elle sera bien fine. Nicole n'osera se montrer : si elle se montre, elle rougira, sera honteuse, me fera la mine, peut-être les yeux doux, que sçait-on ? Elle est friande, ferai-je le cruel ? Peut-être l'Abbé sera-t-il cassé aux gages : oh ! pour lui, il n'en sera que plus impudent.

J'étois si fort occupé de toutes ces pensées, que je ne songeois pas à dormir, & l'Aurore aux doigts de rose avoit déja ouvert les portes de l'Orient, que je n'avois pas encore fermé l'œil. J'avois pourtant besoin de repos : le sommeil qui sembloit avoir respecté mes réflexions, vint aussi-tôt qu'elles furent cessées, & ce ne fut pas sans peine qu'on vint à bout de me le faire rompre au milieu de la journée. Que devins-je à la vûe de Toinette, qui placée au pied de mon lit, paroissoit attendre mon réveil ! Je pâlis, je rougis, je tremblai ; je crus que mon procès étoit fait & parfait, qu'on avoit découvert que j'avois eu part aux désordres de la nuit, & que j'allois les payer. Cette pensée accablante me

Z

fit retomber fans force fur mon lit. Hé bien,
Saturnin, me dit Toinette, es-tu encore malade ? Pas de réponfe. Le révérend Pere Polycarpe va donc partir fans toi, continua-
t-elle, il comptoit pourtant t'emmener avec
lui. A ce mot de départ, ma trifteffe fe diffipa : Il part, dis-je à Toinette avec vivacité;
eh ! vraiment, je me porte à merveille. Dans
le moment je m'élançai hors du lit, & je fus
habillé avant que Toinette fongeât à faire
attention au paffage fubit de la trifteffe à la
joie que je venois d'éprouver en fi peu de
tems : je la fuivis.

J'étois trop agréablement occupé de la
nouvelle que Toinette venoit de m'apprendre, pour quitter avec regret la maifon du
Pafteur. Je ne penfai pas même que je ne
reverrois plus Suzon. Je trouvai le Pere Polycarpe qui m'attendoit, il fut charmé de
me revoir. Je paffe fous filence les careffes
d'Ambroife, les baifers, les larmes même
de Toinette : elle en répandit, j'en jettai
moi-même. Me voilà en croupe fur le cheval
du Valet de fa Révérence. Adieu, Pere Ambroife : adieu, Madame Toinette, ferviteur.
Je pars, nous marchons, nous arrivons,
nous voilà au couvent.

Fin de la premiere Partie.

HISTOIRE
DE
DOM B*****,
PORTIER DES CHARTREUX.

SECONDE PARTIE.

J'ENTRE dans une nouvelle carriere : destiné par ma naissance à augmenter le nombre de ces pourceaux sacrés, que la piété des fidéles nourrit dans l'abondance, j'avois reçu de la nature les plus heureuses dispositions pour cet état, & l'expérience avoit déja commencé à perfectionner ses présens.

La sincérité n'a pas besoin de faire son éloge pour persuader. Il se trouve cependant des faits qui sortent de la regle ordinaire : tels sont ceux que je vais rapporter. Si l'on se plaint que la vraisemblance n'y est pas ménagée, qu'on se souvienne que ce ne sont pas ici de ces jeux de l'imagination que l'on compasse, que l'on manie avec adresse, pour ménager la crédulité du Lecteur ; mais qu'ils sont exactement vrais, & que la vraisemblance n'est pas toujours le caractere

Z 2

diſtinctif de la vérité. Dois-je craindre après tout, que l'on ne trouve étrange de voir des Moines ſcélérats, débauchés, corrompus, qui croient qu'on eſt toujours aſſez honnête homme, quand on n'eſt pas reconnu pour fripon ; qui rient de la crédulité des peuples, & ſous le maſque de la Religion, dont ils ſe jouent, Miniſtres infidéles, font de tout ce qu'elle condamne l'objet de leurs plus cheres occupations ? Non, cela ne paroîtra pas extraordinaire, c'eſt l'uſage : voit-on autre choſe ? Les Cordeliers, les Carmes, les Jéſuites, & tant d'autres, travaillent tous les jours à me juſtifier : on en ſçait mille hiſtoires, ſans celles que l'on ne ſçait pas.

Qu'on me permette de placer ici quelques réflexions que j'ai faites dans ces momens où la ſuſpenſion du plaiſir me rendoit à moi-même, & me laiſſoit enviſager d'un œil impartial la vie que nous menions. Elles doivent paroître d'autant moins ſuſpectes qu'elles viennent de la part d'un homme que ſon intérêt engageoit à ne les jamais faire.

Quelles raiſons aſſez puiſſantes ont pû raſſembler dans l'enceinte des cloîtres tant de gens ſi différens par le caractere de leur eſprit & de leur cœur ? La pareſſe, la paillardiſe, la lâcheté, l'ivrognerie, le menſonge, la perte des biens & de l'honneur.

Pauvres gens, qui avez la ſimplicité de

croire que c'eſt la Religion qui peuple ces
ſaintes retraites, que je ſouhaiterois que
vous puſſiez en pénétrer l'intérieur! Indi-
gnés des myſteres d'iniquité qui s'y com-
mettent, vous rougiriez de votre crédulité,
& vous apprendriez à les mépriſer autant
qu'elles ſont mépriſables. Je veux lever le
bandeau qui vous couvroit les yeux.

Dites-moi, vous qui avez connu le Pere
Chérubin, ce ſaint homme, dont la trogne
vermeille ne reſpire que le plaiſir; vous,
dis-je, qui l'avez connu avant qu'il ſe fût
affublé la tête d'un capuchon de ſerge noire,
comment vivoit-il? Il ne ſe couchoit jamais
qu'il n'eût ſablé ſes huit ou dix bouteilles
du meilleur, & ſouvent le jour le retrouvoit
ſous la table, enterré parmi les débris du
ſouper. Il a quitté le monde, Dieu l'a illu-
miné de ſa grace, il lui a montré le bon chemin, il l'a ſuivi. Je n'examine pas ſi c'eſt le
Ciel, ou ſi ce ſont ſes créanciers qui ont
fait ce miracle; mais apprenez que le Pere
Chérubin tiendroit encore tête au plus in-
trépide bûveur, il boiroit, il mangeroit les
revenus du couvent, le couvent même, les
Moines, l'égliſe, la ſacriſtie, les cloches,
le diable: voilà le Pere Chérubin, tel vous
l'avez connu, tel il eſt encore aujourd'hui.

Et le Pere Modeſte, que vous avez vû
parmi vous, tout bouffi d'arrogance & pétri

d'amour-propre, ſon caraƈtere eſt-il refondu depuis qu'il a le corps ceint d'un triple cordon ? Vous le croyez ; & moi, qui le connois, je vous le garantis pour le plus inſolent coquin qui jamais ait endoſſé le harnois monacal : écoutez-le parler, Bourdalouë près de lui ne fait que bégayer : plus ſubtil que les plus grands Théologiens, que S. Thomas, il parle, raiſonne, entend, pénétre, perce : à ſon avis, le Pere Modeſte eſt un phœnix ; au vôtre, c'eſt un ſot ; au mien, c'en eſt un encore.

Voyez-vous le Pere Boniface, ce madré furet qui panche dévotement la tête, qui tourne vers la terre des yeux mortifiés, qui ſemble, en marchant, compoſer avec le Ciel, & en implorer la fin d'une vie qui paroît pour lui un fardeau peſant ? Prenez garde à lui, c'eſt un ſerpent qui ſe gliſſe : il monte chez vous, veillez des yeux votre femme, reſſerrez vos filles, éloignez vos garçons : bougre, bardache, fouteur, il eſt entré, vous êtes ſorti, tâtez-vous le front, viſitez votre femme, vos filles, vos fils, tout eſt foutu, tout eſt enculé.

Vous avez fait connoiſſance avec le Pere Hilaire, ſerrez bien les cordons de votre bourſe, vous avez affaire au plus adroit fripon. Bientôt aux converſations conſolantes, il fera ſuccéder des peintures énergiques des besoins du couvent ; les pauvres Peres manquent de tout, ils sont nourris comme des misérables, couchés comme des chiens, leur maison tombe en ruine : ce pauvre Pere Hilaire, le souffrirez-vous en cet état ? Non, votre cœur s'attendrit, votre bourse s'ouvre : puisez, Pere Hilaire, puisez, vous avez trouvé votre dupe, prenez, pillez, volez, emportez, tout est de bonne prise, vous travaillez pour l'Eglise.

Quelle foule de caracteres odieux n'aurois-je pas à tracer, si je voulois vous peindre ceux de tous les Moines ! Change-t-on d'inclinations pour changer d'habit ? Non, le bûveur est toujours ivrogne, le voleur est toujours voleur, l'impudent toujours impudent, & le fouteur est toujours fouteur. Je dis plus ; les passions prennent une nouvelle force sous le froc, on les porte dans le cœur, l'exemple les fait éclore, l'oisiveté les renouvelle, l'occasion les augmente : le moyen d'y résister ?

A juger sainement de toutes ces différentes especes d'animaux qui rampent avec mépris sur la surface de la terre, & connues sous le nom général de Moines, il faut les regarder comme autant d'ennemis de la société. Inhabiles aux devoirs que la qualité d'honnêtes gens exigeoit d'eux, ils se sont fouftraits à fa tyrannie, & n'ont trouvé que le cloître qui pût fervir d'azile à leurs inclinations vicieufes.

On pourroit comparer leurs corps à ces fléaux du Ciel, à ces nuages de fauterelles qui tombent fur une terre, rongent, mangent, ravagent & laiffent les marques les plus funeftes de leur paffage, ou à ces armées de peuples barbares qui fortirent de leurs marais pour inonder l'Europe.

Ils fe haïffent, ils fe déteftent dans le particulier, l'intérêt commun les réunit. Rongés par leurs guerres civiles, ils n'en font diftraits que par les étrangeres. Rien n'eft mieux ordonné que l'extérieur de leur armée, rien ne l'eft moins que l'intérieur. Faut-il élire un Général, que de factions, que de complots, que de brigues! autant que de Moines. On crie, on court, on s'agite, on fe remue, on fe bat, on fe tue. S'agit-il de faire quelque incurfion fur le monde, d'attenter à la bourfe des fidéles, d'inventer quelques nouvelles pratiques de fuperftition, c'eft le même efprit qui anime, c'eft le même zele qui échauffe, tous concourent au but général: dociles aux ordres de leurs Supérieurs, ils fe rangent fous leurs drapeaux, montent en chaire, prient, exhortent, perfuadent, entraînent des peuples
imbécilles,

imbécilles, qui fuivent aveuglément leurs caprices, & les adoptent comme les regles néceffaires de leur conduite.

J'ajouterai à cet éloge des vers dictés par le bon fens, & juftifiés par l'expérience.

Tolle autem lucrum, fuperos & facra nega-
    bunt,
Ergo fibi non Cæleftis hæc turba miniftrat :
Utilitas facit effe Deos, quâ nempè remotâ,
Templa ruent, nec erunt aræ, nec Jupiter ullus.

Sur tout ce que j'avois vû faire aux Révérends étant chez Ambroife, & en dernier lieu, fur les galanteries du Pere Polycarpe & de Toinette, j'avois conçû les idées les plus riantes de l'état monacal : je croyois que le froc étoit l'habit fous lequel on eût le plus libre accès dans le temple du Plaifir ; mon imagination s'enivroit des chimeres agréables qu'elle fe forgeoit. Elle ne s'arrêtoit pas dans les bras de Toinette : elle me repréfentoit les plus aimables femmes des lieux où mon fort me conduiroit, fe difputant la conquête du Pere Saturnin, prévenant fes defirs par les attentions les plus tendres, & payant fes bontés par les tranfports les plus vifs & les plus délicieux. On croira facilement qu'étant dans de pareilles difpofitions, je reçus avec joie l'habit de l'Ordre, dont le Pere Prieur (qui s'attacha d'abord à

moi avec une affection vraiment paternelle)
m'honora dès le lendemain de mon arrivée.

J'avois appris assez de latin de mon Curé
(qui pourtant n'en sçavoit gueres) pour
figurer avec honneur dans le noviciat. On
me louoit de quelques dispositions assez heureuses : en ai-je profité? Hélas, non ! A
quoi m'ont-elles servi? A être Portier, belle
avance !

En Ecrivain fidele, je me croirois obligé
de mener mon Lecteur année par année, jusqu'en Théologie : on me verroit Novice,
puis Profès, enfin un vénérable Pere. J'aurois mille belles choses à lui dire ; mais les
belles choses ne nous plaisent qu'autant
qu'elles nous intéressent. Hé quel intérêt
prendroit-on à voir un Penaillon disputer
envers & contre tous, mettre le bon sens &
la raison à la gêne dans des argumens *in
baroco*, dans des distinctions subtiles que lui-
même n'entendroit pas : j'en fais grace.

Je sens pourtant que je ne sçaurois passer crûment sur un si long espace de tems,
sans entrer dans le détail de quelques ba-
gatelles.

Un séjour de quelques années dans le couvent, m'avoit bien fait rabattre des idées
dont je m'étois bercé en y entrant. J'avois
fait la désagréable expérience, que si le plaisir étoit fait pour les Moines, il ne l'étoit

pas pour les Moinillons. Flottant entre le repentir de m'être engagé dans un état où je ne trouvois pas les agrémens que je m'étois promis d'y avoir, & le desir d'arriver à la Prêtrise, que je regardois comme la fin & le terme de cette carriere épineuse où j'étois, & le commencement d'une autre qui ne me promettoit que des jours filés par la main des plaisirs, je me laissois endormir par les caresses du Prieur qui s'étoit fait un devoir de me venger par toutes sortes de bons traitemens, des mépris que les autres affectoient d'avoir pour moi, dont le prétexte apparent étoit ma qualité de fi's de Jardinier, & le véritable, ma supériorité dans les études.

Les reproches que l'on m'avoit fait si souvent sur ma naissance, m'avoient rendu la maison d'Ambroise odieuse. Toinette étoit devenue pour moi un fruit défendu ; c'est-à-dire, que je ne manquois pas de bonne volonté pour elle : mais, toujours entourée par les Supérieurs, pouvoit-elle être accessible pour un Novice ?

Une autre raison bien plus sensible, je ne trouvois plus Suzon : elle n'étoit plus pour moi. Ma chere Suzon avoit disparu de chez Madame Dinville quelque tems après mon entrée chez les Célestins : on n'avoit appris aucune de ses nouvelles. Sa perte m'a-

voit plongé dans la douleur, je l'aimois, un
je ne sçai quoi, plus fort que son tempérament, m'attachoit à elle. La solitude où je
vivois avoit encore rendu plus vif le chagrin de sa perte ; des lieux où je l'avois en-
tretènue si familiérement, où nos cœurs, encore enfans, avoient fait le premier essai de
l'amour, n'étoient propres qu'à m'attrister.
S'ils me retraçoient un souvenir agréable,
que je le payois cher par l'absence de celle
qui me le procuroit ! Devenu sans objet,
ces idées ne m'occupoient plus sans douleur.

Mais voilà un garçon bien désœuvré, dira-
t'on, touché de mon état malheureux : à
quoi vous occupiez-vous donc pauvre petit
Saturnin ? Hélas, je me branlois, mon vit
étoit toute ma consolation, c'étoit avec lui
que j'oubliois mes peines & mes douleurs.

J'étois un jour dans le fort de mon ouvrage, écarté dans un lieu solitaire; je croyois
n'avoir aucun témoin, & je me dulcifiois
avec cette indolence voluptueuse que la solitude permet. Un coquin de Moine m'ob-
servoit : il n'étoit pas de mes amis, au contraire, c'étoit un de ceux qui avoient toujours marqué le plus d'éloignement pour
moi. Il parut à mes yeux si brusquement,
que les bras me tomberent de surprise, &
que je restai dans cet état exposé à la mali-
gnité de ses regards. Je me crus perdu, je

[illegible]

crus qu'il alloit publier par-tout mon aventure, & la façon dont il m'aborda me fit juger qu'il n'y avoit pas de compofition à attendre de lui. Ha, ha, Frere Saturnin, en levant les yeux au ciel, & croifant les mains, ha, Frere Saturnin, je ne vous croyois pas capable de faire de pareilles chofes! Vous, le modele du couvent; vous, l'aigle de la Théologie; vous... Hé morbleu, interrompis-je brufquement, finiffons ces éloges ironiques : vous avez vû que je me branlois, je n'ignore pas que vous allez en faire fête à tout le couvent. Hé bien, facre... continuai-je en reprenant mon ouvrage, allez-en rire, amenez qui vous voudrez, je vous attend à la dixieme décharge. Hé, Frere Saturnin, reprit-il avec le même fang froid, ce que je vous en dis n'eft que pour votre bien; pourquoi vous amufer à vous branler comme un coquin? Nous avons tant de Novices, c'eft un amufement d'honnête homme. Vous vous rangez apparemment dans cette claffe, lui répondis-je; tenez, Pere André (c'étoit fon nom), vos difcours commencent à m'impatienter, vos confeils me déplaifent autant que vos éloges, finiffez, décampez, ou je vous.... La vivacité avec laquelle ces paroles m'échapperent, lui fit rompre fon férieux forcé; il éclata de rire, & me tendant la main : Va, me dit-il,

touche-là, Frere, je ne te croyois pas un
ſi bon vivant ; je te plains d'être réduit à
la dure néceſſité de te branler. Ce que je
vois te rend digne d'un meilleur ſort : il y
a trop long-tems que tu te nourris de cette
viande creuſe, je veux te faire part de quelque choſe de plus ſolide. Ce diſcours me
déſarma, ſa franchiſe excita la mienne, je
lui tendis la main à mon tour. Je ne connois pas, lui dis-je, la défiance quand on
en agit comme vous le faites : j'accepte vos
offres. Allons, reprit-il, parole d'honneur ;
tantôt je vous prends à minuit dans votre
chambre : croyez-moi, boutonnez votre culotte, ne tirez pas votre poudre aux moi-
neaux, vous en aurez beſoin cette nuit. Je
ne vous en dis pas davantage, je vous quitte ;
ne ſortez qu'après moi, il ne faut pas qu'on
nous voie enſemble, notre réunion pourroit
faire cauſer : à tantôt.

Je reſtai dans le dernier étonnement après
le départ du Moine. Il n'étoit plus queſtion
de branle : uniquement occupé de promeſſe,
j'y rêvois ſans la comprendre. Qu'entend-
il donc, diſois-je, par cette viande ſolide
dont il veut me faire fête ? Si c'eſt quelque
Novice, ma foi il peut le garder pour lui,
ce n'eſt pas là mon gibier. Je raiſonnois en
ſot, je n'en avois pas goûté : Lecteur, êtes-
vous plus habile que je ne l'étois alors ? Oui,

dites-vous. Hé bien, n'eſt-il pas vrai que ce n'eſt pas un ſi mauvais morceau? Le préjugé eſt un animal qu'il faut envoyer paître. Il en eſt d'un garçon comme d'un mêt pour lequel on avoit du dégoût : le hazard en fait tâter, on le trouve délicieux. Eſt-il rien de plus charmant qu'un joli Giton, blancheur de peau , épaules bien faites, belle chûte de reins, feſſes dures, rondes, un cul d'un ovale parfait, étroit, ſerré, propre, ſans poil? Ce n'eſt pas là de ces conaſſes béantes, de ces gouffres où vous entreriez tout botté : fi donc. Je t'apperçois cenſeur attrabilaire , tu veux me reprocher que je ſouffre le froid & le chaud, que j'ai loué le con, & que je chante aujourd'hui les louanges du cul. Apprends, grand innocent, que j'ai pour moi l'expérience : chacun prend ſon plaiſir où il le trouve. Le mien eſt d'enfiler une femme quand elle ſe préſente ; un beau garçon paroît, lui donnerai-je des coups de pied au cul? Non, nigaud, non, des coups de vit. Allez aux écoles de ces fameux Sages de la Grece, allez à celles des plus honnêtes gens de notre tems, vous apprendrez à vivre. Mais mon Moine va venir ; minuit ſonne, on gratte à ma porte, c'eſt mon homme, bon, marchons, Pere, je vous ſuis : mais où diable me menez-vous donc? A l'égliſe. Vous vous moquez de moi,

peut-on toujours prier Dieu? Serviteur. Je
ne fuis pas des vôtres pour cette-nuit, chaque chofe a fon tems, je vais dormir. Hé
morbleu, fuivez-moi donc, ne voyez-vous
pas que je monte dans les orgues ! montez:
nous y voilà.

Sçavez-vous bien ce que je trouvai dans
ces orgues ? Une table copieufement four-
nie de viandes, & garnie d'une pyramide
de bouteilles qui réjouiffoient la vûe.

Item, trois Moines, trois Novices, &
une jeune fille de dix-huit à vingt ans, qui
me parut jolie comme un ange. Je fuivois
mon conducteur : le Pere Cafimir étoit le
chef de cette bande joyeufe ; il me reçut
d'un air riant : Pere Saturnin, me dit-il,
foyez le bien-venu. Le Pere André (c'é-
toit le nom du Moine fous les aufpices duquel je paroiffois) m'a fait votre éloge, fa
protection le juftifie : il a dû vous dire comment nous vivions ici ; foutre, manger, rire
& boire, voilà notre occupation, vous fen-
tez – vous des difpofitions à faire comme
nous ? Parbleu, lui répondis-je, mon Révérend, vous verrez que je ne fuis pas un
fujet inutile dans la fociété ; & s'il ne faut
que cela, je me flatte de m'en tirer auffi-
bien qu'un autre. Soit dit, continuai-je en
me tournant du côté de l'affemblée, fans di-
minuer le mérite de vos Révérences. Allons,

lons, reprit le Pere Casimir, vous êtes de nos gens, commencez par vous placer ici entre cette charmante enfant & moi. Ça, décoëffons une bouteille en l'honneur du Pere : à vous, tope, & nous voila à flûter : & vous, Lecteur, vous ne ferez rien pendant que nous allons vuider nos bouteilles, tenez, amusez-vous à lire ce rogaton.

*Le Pere Casimir étoit d'une taille médiocre, brun de visage, portant un ventre de Prélat, non Prélat de Papefiguiere ; ceux-là, dit Maître Jean de la Fontaine, sont maudits de Dieu, ont visage mince, taille mingrelette, & ne dorment jamais : mais vrai Prélat de Papimanie, au corps rond, au ventre gros & bien nourri : il avoit des yeux qui vous enculoient de cent pas, & dont le regard farouche ne s'attendrissoit qu'à la vûe d'un joli garçon ; alors le bougre entroit en rut, il hennissoit ; sa passion pour le cas antiphysique étoit si bien établie, qu'il étoit redoutable *aux Savoyards mêmes ;* cependant il ne manquoit pas d'adresse pour faire tomber les oiseaux dans ses filets, il étoit auteur & bel-esprit à la mode, censeur caustique, écrivain sec, louangeur fade, plaisant sans légereté, ironique sans délicatesse. Il s'étoit fait un nom par quelques ou-

* *L'Abbé des F...*

Bb

vrages qui devoient leur réputation plutôt
à la fottife de ceux qu'il dénigroit, qu'à leur
propre mérite : le fuccès de fes brochures le
confoloit des coups de bâton dont les Auteurs mécontens payoient quelquefois les
obfervations malignes qu'il faifoit courir fur
leurs *écrits*. Il faut pourtant avouer que ces
Auteurs avoient tort de faire tomber fur lui
leur colere ; car quoique les fatyres paruffent
fous fon nom, le pauvre Pere n'y avoit fouvent d'autre part, que le foin qu'il s'étoit
donné de rédiger les manufcrits de quelques
jeunes gens qui travailloient fous fes yeux.
Il cultivoit précieufement les petits talens
qu'il leur connoiffoit, leur diftribuoit fa matiere, revoyoit leur ouvrage, le faifoit im-
primer, & en recueilloit les fruits, qui quelquefois étoient bien amers : il n'en étoit pas
moins hardi ; & tel que l'avare qui fe confole des huées du peuple, en ouvrant fon
coffre-fort, les ris qu'il excitoit dans le public, aux dépens des Auteurs, effuyoient les
larmes que ceux-ci lui faifoient verfer dans
le particulier.

Ses occupations littéraires ne lui faifoient
pas perdre de vûe les inclinations de fon
cœur ; mais il avoit trouvé le moyen de fe
fatisfaire fans fortir de fon cabinet, & ce
moyen étoit de fe fervir pour fes plaifirs,
de ceux dont il fe fervoit pour fes ouvrages :

pour prix de leur complaifance, il leur aban-
donnoit fa niece, & cette niece obligeante
acquittoit volontiers les dettes de fon cher
oncle. Le Portier du couvent étoit à la dévotion du Pere, & par cette voie tout entroit aifément ; vin, viande, fille, tout y
avoit un libre accès. Les orgues avoient été
choifies préférablement à tout autre endroit
pour le lieu de la fcene de ces Orgies, parce
que, me dit le Pere Cafimir, on ne nous foup-
çonnera jamais de paffer la nuit dans l'églife : une autre raifon, c'eft que nous fommes
tous portés pour affifter aux offices, & cette
exactitude ferme la bouche aux babillards.

Malgré le foin que le Pere Cafimir prenoit
pour conferver fes éleves, il en perdoit toujours quelqu'un ; j'en dirai la raifon : quelquefois le fouvenir des obligations, au lieu
de produire de la reconnoiffance, fait des
ingrats. Ces déferteurs fe fervoient, contre
le Pere, des traits qu'il leur avoit appris à
aiguifer contre les autres. Un d'eux fit fur
lui ce fonnet, qui doit paffer à la poftérité
la plus reculée, à côté du fameux fonnet de
Desbarreaux.

SONNET.

Un jour Dom Hapceon, plus arrogant qu'un
       coq,
Las de fentir fon vit auffi droit qu'une quille,

Sortit de son couvent, enfoncé dans son froc,
Et fut chez la Dupré, demander une fille.

Le bougre qui jamais ne foutoit qu'en escroc,
Pour qui cinq ou six coups n'étoient qu'une
    vétille,
Crut qu'il ne s'agissoit que d'essuyer le choc,
Et tira son engin de dessous sa mandille.

Tout beau, dit la Putain, rengaîne l'instru-
    ment;
On commence d'abord par payer largement:
De foutre on vit ici, comme au Palais d'épices.

Le Pater étonné de ce foutu cartel,
Quitta, faute d'argent, ce pilier de bordel,
Et fut de désespoir enculer deux Novices.

Je ne sçaurois mieux finir, je quitte le pinceau, de nouveaux coups ne feroient qu'affoiblir ma peinture.

La niece du Pere Casimir étoit brune, petite; mais vive & pétillante: le premier coup d'œil ne lui étoit pas favorable, mais l'examen la vengeoit: elle sçavoit ménager avec tant d'adresse la vûe d'une gorge qui n'étoit pas absolument belle, qu'elle en tiroit meilleur parti qu'une autre ne l'auroit pû faire d'une gorge plus accomplie: ses yeux étoient petits, mais noirs & animés par le feu de l'amour; ils promenoient sur vous ces regards fins & enjoués, qui paroissoient conduits par l'indifférence, mais qui l'étoient par la coquetterie la plus rafinée : sa bouche étoit grande, mais bien bordée ; elle rioit volontiers, elle croyoit ne montrer que la beauté de ses dents, & découvroit des graces d'autant moins suspectes, qu'elles n'étoient pas étudiées : elle enchantoit par la vivacité & le sel de ses poliçonneries : en un mot, c'étoit ce qu'on pouvoit souhaiter de plus charmant pour attrapper le jour sans s'appercevoir qu'on a passé la nuit.

Aussi-tôt que je me vis placé à côté de cette aimable fille, je sentis renouveller ces mouvemens confus, que j'avois autrefois éprouvé, quand le hazard m'avoit fait découvrir Toinette & le Pere Polycarpe. La longue privation du plaisir m'avoit formé, pour ainsi dire, une seconde nature, susceptible d'impressions aussi vives & aussi piquantes ; je recommençai à vivre, parce que je crus que j'allois revivre pour le plaisir. Je regardois ma voisine, dont l'air riant & facile me faisoit connoître que mes desirs ne languiroient qu'autant de tems que j'aurois la simplicité de ne les pas expliquer. Je sentois bien que ce n'étoit pas l'envie de faire la Vestale, qui la faisoit trouver au milieu d'une bande de Moines ; mais le bonheur

qu'elle sembloit m'offrir, me paroissoit si
grand, que j'avois peine à le concevoir:
j'étois tremblant, & dans la crainte qu'il ne
m'échappât, à peine aurois-je pû former le
dessein de le demander. J'avois la main sur
sa cuisse, que je pressois contre la mienne:
je sentis qu'elle me la prenoit, & la passoit
par l'ouverture de son jupon ; je connus son
dessein, & je portai bientôt le doigt où elle
le désiroit. Le toucher d'un endroit dont la
possession m'étoit interdite depuis si long-
tems, me causa un frémissement de joie qui
fut apperçu de toute la bande, qui me cria:
Courage, Pere Saturnin, vous y voilà. Peut-
être aurois-je eu la sottise d'être déconcerté
de cette exclamation, si Marianne (c'étoit
le nom de notre Déesse) ne m'eût sur le
champ donné un baiser, & déboutonné ma
culotte d'une main, tandis qu'elle passoit
l'autre bras autour de mon col ; elle m'em-
poigna le vit, il bandoit: Ah! Peres, s'écria-
t-elle avec transport, en adressant la parole
aux autres Moines, & en leur découvrant
mon vit, qui s'éleva fierement d'un demi-
pied au-dessus de la table, vous n'êtes que
des embrions : en avez-vous de cette beauté-
là ? Il se fit un brouhahaha d'admiration, &
chacun félicita Marianne sur le plaisir qu'elle
alloit avoir : elle en paroissoit enchantée.
Alors le Pere Casimir imposa le silence à

toute la troupe, & après avoir auffi compli-
menté fa niece fur l'acquifition qu'elle venoit de faire, il m'adreffa la parole : Pere
Saturnin, me dit-il, difpofez de Marianne :
je vous en ferois l'éloge, fi vous ne la voyez
pas, & vos defirs le font mieux que je ne
pourrois faire. Vous lui trouverez la peau
la plus douce, les tetons les plus durs & les
plus mignons, le con le mieux formé, elle
va vous donner tous les plaifirs imaginables;
mais ces plaifirs font à une condition, elle
ne fera pas plus mauvaife pour vous qu'elle
l'a été pour ces Peres. Ah! lui répondis-je,
tranfporté d'amour, quelle eft-elle cette
condition, que faut-il donner, mon fang?
Non. Quoi donc? Votre cul. Mon cul! hé,
que diable en feriez vous, Pere? Oh, répondit-il, c'eft mon affaire. L'envie d'être bientôt fur Marianne, fit que je n'infiftai pas fur
la propofition du Pere. Je me mis bientôt en
devoir d'enconner ma charmante, & mon
bougre de m'enculer : elle fe coucha fur le
banc qui nous fervoit de fiége; je m'étendis
fur elle, & le Pere fur moi : quelque douleur
que je fentiffe, & quoique Cafimir me dé-
chirât, le plaifir d'en faire autant à la niece,
dont le con fouffroit plus de la groffeur de
mon vit, que mon cul ne fouffroit de celle
du vit de fon oncle, me confoloit de ma
peine. Quand les difficultés de l'entrée fu-

rent levées des deux côtés, nous ne trouvâmes plus qu'un chemin semé de fleurs; quelquefois le plaisir m'arrêtoit au milieu de l'ouvrage, mais bientôt Casimir réveillant ma
valeur, m'animoit à faire aussi-bien que lui.
Ainsi poussé & poussant, les coups que je recevois de l'oncle alloient, comme dans un
écho, retentir dans le con de la niece; tantôt
immobile & tantôt furieuse, elle mouroit,
ressuscitoit, me baisoit, me poussoit, me mor-
doit, me serroit avec des convulsions qu'elle
me communiquoit, & qui surprenoient toute
l'assemblée. Il y avoit déja long-tems que
nous avions laissé bien loin derriere nous le
Révérend Casimir. Surpris lui-même de l'o-
piniâtreté du combat, qui avoit déja coûté
bien du sang aux deux partis, il joignit son
admiration à celle de la compagnie, qui ran-
gée autour de nous, attendoit dans un silence
respectueux l'issue de la bataille. J'étois furieux que Marianne osât me tenir tête, à
moi qui n'avois pas foutu depuis plus de huit
ans, à moi qui croyois avoir rassemblé dans
ce moment tous les desirs & toutes les forces
que j'avois pû acquérir pendant un si long
tems : elle étoit enragée de trouver un Moine
qui soutînt ses efforts sans s'ébranler, elle
qui avoit désarçonné les plus vigoureux de
la bande : le foutre & le sang confondus ruis-
seloient sur nos cuisses, nous n'en étions que
plus

plus animés. Déja nous avions déchargé quatre fois, quand je m'apperçus que Marianne, fermant l'œil, baissant la tête & laissant tomber les bras, attendoit sans mouvement que par une cinquieme décharge, je lui donnasse le coup de grace. Elle n'attendit pas longtems : elle le reçut, & après l'avoir savouré pendant quelques minutes, elle s'échappa de mes bras, & me dit qu'elle se rendoit. Fiere de la victoire que je venois de remporter, je pris un grand verre que je lui présentai, & lui versant une rasade, j'en pris autant de mon côté, & choquant ensemble, nous scellâmes notre réconciliation dans le vin,

La fin du combat avoit fait remettre chacun à sa place : j'étois entre l'oncle & la niece, l'objet des caresses de tous les deux, l'un avoit la main sur mes fesses, l'autre l'avoit sur mon vit. Les éloges que l'on nous donnoit firent bientôt place à une conversation plus réglée : ce fut Casimir qui l'entama, le sujet en fut la Bougrerie. Casimir en prit la défense comme un tendre pere prend celle d'un enfant chéri ; il possédoit à fond sa matiere, il s'en acquitta parfaitement bien. Il passa en revûe tous les bougres célebres depuis Adam jusqu'aux Jésuites : il y trouva des Philosophes, des Papes, des Empereurs, des Cardinaux ; il fit l'éloge de

C c

chacun en particulier, & tombant ensuite
sur l'injustice & l'aveuglement de ceux qui
s'élevent contre un plaisir adopté, pratiqué
par les plus grands hommes, par les plus
grands génies, il remonta à l'aventure de
Sodome. Il soutint qu'on avoit falsifié, par
jalousie, ce mémorable événement; & cédant tout-à-coup à son enthousiasme, il finit
son éloge par ces vers:

> *Taisez-vous, Censeurs indociles,*
> *Etourdissez les sots de vos voix imbécilles;*
> *Mais n'allez pas fouiller dans l'histoire des*
> 　　*tems.*
> *Vous osez, ignorans reptiles,*
> *Des Ecrivains les plus habiles,*
> *Altérer les beautés & corrompre le sens.*
> *Sodome, ce n'est point par un souffle funeste,*
> *Que furent consumés tes heureux habitans;*
> *C'est par un feu divin, c'est par un feu céleste:*
> *Sodome, que n'étois-je alors de tes enfans!*

Le discours du Pere reçut les applaudif-
femens qu'il méritoit, & qu'il étoit sûr de
recevoir des assistans, en traitant un sujet
qui leur étoit si agréable. On foutit encore
tant en cul qu'en con, on but, on rit, &
l'on se sépara avec promesse de se retrouver
à la huitaine; car ces banquets ne se faifoient pas tous les jours: les revenus du Pere
Casimir, qui régaloit ordinairement, n'y au-

roient pas suffi. Nous nous séparâmes les meilleurs amis du monde, Marianne & moi. La pauvre enfant ne tarda gueres à s'appercevoir qu'il étoit dangereux de jouer avec moi, sa ceinture devint bientôt trop courte, on m'en donna la gloire: le Pere Casimir prit le soin de conduire les choses secrétement; il étoit juste qu'il prît sur lui les risques des hazards auxquels il exposoit sa chere niece. Elle en sortit à son honneur, & tout auroit été le mieux du monde, si cette grossesse inattendue n'avoit pas mis le désordre dans nos assemblées nocturnes. J'essayai du remede de Casimir, & sur ses traces, je me rendis bientôt redoutable au cul de tous nos novices; mais je retombai peu de tems après dans mes anciennes erreurs, & les plaisirs du con m'enleverent à ceux du cul.

Quelques jours après avoir chanté ma premiere messe, le Prieur me fit avertir d'aller dîner dans sa chambre: j'y fus, & je trouvai avec lui quelques Anciens, qui me reçurent, ainsi que le Prieur, avec de vives accolades, que je ne sçavois à quoi attribuer. Nous nous mîmes à table, & nous fîmes une chere de Prieur, c'est tout dire. Quand le vin que sa Révérence avoit soin de ne pas choisir dans le plus mauvais crû, eut répandu la gayeté dans la conversation,

je fus furpris d'entendre mes Doyens, donnant l'effor à leur langue, lâcher les B... &
les F... avec une aifance que je n'aurois pas
attendue de gens que j'avois toujours vûs
fous le mafque de la réferve. Le Prieur
voyant mon étonnement, me dit : Pere Saturnin, nous ne nous gênons plus avec vous,
parce qu'il eft tems que vous ne vous gêniez
plus avec nous ; oui, mon fils, ce tems eft
arrivé, vous avez reçu le faint Ordre de Prê-
trife : cette qualité vous rend aujourd'hui
notre égal, & me met dans l'obligation de
vous révéler des fecrets importans qui vous
ont été cachés jufqu'à préfent, & qu'il feroit dangereux de confier à de jeunes gens
qui pourroient nous échapper & divulguer
des myfteres qui doivent être enfevelis dans
un filence éternel ; c'eft pour m'acquitter de
cette obligation, que je vous ai fait venir ici.

Cet exorde impofant me difpofa à écouter avec attention ce que le Prieur alloit me
dire ; il reprit ainfi la parole : Je ne vous
crois pas de ces efprits foibles que le mot de
fouterie effarouche ; vous connoiffez affez la
nature, pour fçavoir que l'action de foutre
eft auffi naturelle à l'homme que celle de
boire & de manger ; nous fommes Moines,
mais on ne coupe ni le vit ni les couilles,
quand nous entrons dans le cloître ; l'im-
bécillité de nos Fondateurs, & la cruauté

des hommes, ont voulu nous interdire une fonction aussi naturelle, elles n'ont fait qu'irriter nos desirs. Comment donc appaiser ces flammes que la nature elle-même a allumées dans notre cœur. Falloit-il, pour exciter la compassion des Fideles, aller nous branler dans les rues & dans les carrefours ; falloit-il, pour nous conformer à leurs idées tyranniques, brûler continuellement d'un feu qui ne peut s'éteindre que par la mort? Non, autant qu'il nous a été possible, nous avons tâché de garder un milieu entre l'austérité que la qualité de Moines semble exiger de nous, & les foiblesses de la nature. Ce milieu est de donner tout à celle-ci dans l'intérieur de nos cloîtres, & le plus que nous pouvons, à l'austérité dans l'extérieur. Pour cet effet, dans les couvens bien réglés, on a un certain nombre de femmes avec qui l'on trouve un soulagement contre la concupiscence que nous avons reçûe d'Adam ; on va dans leurs bras oublier les déboires de la pénitence. Vous me surprenez, lui dis-je, mon Révérend Pere! Ah, pourquoi faut-il qu'une si belle police n'étende pas sa sagesse jusques sur nous! Nes convives s'éclaterent de rire. A cette exclamation le Prieur me répondit : Comment donc, mon fils, nous croyez-vous plus dupes que les autres, non, nous ne le sommes pas : sça-

chez que nous avons ici un endroit, où, graces au Ciel, nous ne manquons pas de ces
secours. Ici, repris-je, mon Pere, & vous
ne craignez pas que l'on le découvre! Non,
non, me répliqua-t'il, il est impossible de
nous découvrir: va-t'on déterrer un petit
espace de terrein, placé entre la biblio-
theque & quelques anciennes chapelles où
l'on ne va jamais, & un grand mur qui le
couvre du côté du jardin? Le continent de
notre maison est trop vaste pour qu'on puisse
s'appercevoir de cet endroit, nous sommes
en sûreté de tous côtés; & si vous, qui de-
meurez ici depuis neuf ans, n'en avez seulement pas eu d'idée, comment voudriez-
vous que des étrangers s'en apperçussent?
Ah, m'écriai-je, quand me sera-t'il permis
d'aller avec vous travailler à consoler ces
charmantes recluses! Les consolations ne
leur manquent pas, me répondit-il en riant,
& vous avez à présent le droit de leur en
donner; car, pour plus grande sûreté, nous
n'admettons, comme je viens de vous le
dire, que ceux à qui leur propre intérêt im-
pose la discrétion, ceux qui ont reçû la qualité de Prêtre: vous êtes de ce nombre, vous
y viendrez quand vous voudrez. Quand je
voudrai, interrompis-je; ah, mon Pere, je
suis homme à vous sommer de tenir votre
parole dès à présent! Pour le présent, non,

me répondit-il, il faut attendre jusqu'à ce
soir, c'est l'heure à laquelle nos Freres, pres-
sés de leurs besoins, viennent se rendre ici
pour être introduits dans notre piscine ; c'est
ainsi que nous nommons l'appartement de
nos Sœurs. On n'en confie la clef à personne : il n'y en a que deux, qui restent continuellement, l'une entre les mains du Pere
Dépensier, l'autre entre les miennes.

Ce n'est pas tout, continua le Prieur, l'é-
tonnement que vous venez de faire paroître, Pere Saturnin, au sujet de notre piscine, tiendra-t'il contre celui que va vous
causer la nouvelle d'une chose que vous n'a-
vez jamais soupçonnée ? vous n'êtes pas fils
d'Ambroise. Je demeurai effectivement si
interdit à ces mots, que je n'eus pas la force d'ouvrir la bouche. Oui, poursuivit le
Prieur, vous n'êtes ni le fils d'Ambroise, ni
celui de Toinette ; vous êtes d'une naissance
plus relevée, notre piscine vous a vû naître, une de nos Sœurs vous a donné le jour.
Alors il me conta ce que vous avez vu au
commencement de ces Mémoires. Ah, lui
dis-je alors, revenu de ma premiere surprise,
quelqu'étonnant, mon Pere, que soit le mystere que vous venez de m'apprendre, je sens
que vous n'aurez pas de peine à m'y faire
ajouter foi : oui, j'ai dans le cœur des sentimens qui justifient ma naissance, & ces sen-

timens ne se trouvent pas dans celui du fils d’un Jardinier; mais avant que je me livre à la joie que doit m’inspirer la connoissance de mon origine, permettez-moi de me plaindre d’un défaut de confiance qui m’a souvent fait haïr un état auquel j’étois destiné par ma naissance. Pourquoi m’avez-vous toujours envié la douce consolation d’embrasser ma mere, si elle vit encore; craigniez-vous que je n’abusasse d’un secret que j’avois tant d’intérêt de garder. Pere Saturnin, me dit le Prieur attendri, vos reproches sont justes; mais soyez persuadé que ce n’est pas par un défaut de tendresse qu’on vous a interdit l’entrée de notre piscine: l’amour que nous avons pour vous, & dont nous vous avons toujours donné des marques, cet amour a long-tems combattu contre la sévérité de nos regles. Mais enfin il faut de l’ordre, & le tems nous met aujourd’hui en état de faire cesser vos plaintes; dès tantôt vous aurez ce plaisir que vous souhaité, vous embrasserez votre mere: elle vit encore. Si vous n’avez pas eu ce plaisir plutôt, ce n’est pas un bien que vous ayez perdu, c’en est un que vous allez trouver. Ah, m’écriai-je, que j’ai d’impatience de me voir dans ses bras! Modérez-la, me dit-il, le sacrifice ne sera pas long, vous n’avez plus que quelques heures à attendre; déja le
soleil

foleil baiffe , la nuit s'avance , & l'heure viendra fans que nous y penfions. Nous fouperons à la pifcine , on vous y attend : vous ne paroîtrez au réfectoire que pour le *decorum* , & vous viendrez nous retrouver ici.

Le plaifir de voir ma mere n'étoit pas le motif le plus preffant qui me fît defirer l'entrée de la pifcine, l'efpérance d'y goûter fans contrainte tous les délices de l'amour dans les bras d'un nombre de jolies femmes dévouées à mes defirs, offroit à mon cœur une immenfité de plaifirs que tous les efforts de mon imagination ne me rendoient que foiblement. Le voilà donc enfin arrivé , me difois-je, ce tems que j'ai fi fort fouhaité : heureux Saturnin, plains-toi de ton fort ! Dans quel état de la vie aurois-tu trouvé ce que l'on vient de t'annoncer aujourd'hui ? Regretteras-tu des jours paffés dans la trifteffe , fi ceux qui les vont fuivre font auffi charmans que tu dois te le promettre ?

L'heure vint, je retournai chez le Prieur : j'y trouvai cinq ou fix Moines, amenés par le même motif que moi. Nous partîmes à la file l'un de l'autre, & dans un profond filence, nous marchâmes jufqu'à ces antiques chapelles qui fervoient de rempart à la pifcine d'un côté : nous defcendîmes fans lumiere dans un caveau, dont l'horreur fembloit être ménagée pour préparer un nouveau charme

D d

au plaifir qui devoit la fuivre. Ce caveau, que nous traversâmes à l'aide d'une corde attachée contre le mur, nous conduifit à un efcalier qui étoit éclairé par une lampe. Le Prieur ouvrit la porte qui fermoit cet efcalier : nous entrâmes par un petit détour dans une falle galamment meublée, autour de laquelle paroiffoient quelques lits commodes pour les combats de Vénus : nous y vîmes les apprêts d'un magnifique repas. Perfonne ne paroiffoit encore ; mais bientôt au bruit d'une fonnette que le Prieur tira, nous apperçûmes une vieille cuifiniere, qui fut fuivie dans le moment de nos Sœurs, qui étoient au nombre de fix en tout, & qui me parurent charmantes : chacune d'elles fut fe jetter dans les bras de quelqu'un de nos Moines, & je reftai feul témoin de leurs tranfports, & piqué de l'indifférence qu'elles affectoient d'avoir pour un nouveau Frere qui s'imaginoit qu'elles devoient venir lui prodiguer leurs careffes ; mais le nouveau Frere eut bientôt fon tour, & en fut dédommagé avec ufure.

On n'obfervoit pas à la pifcine plus fcrupuleufement l'intention du Fondateur qu'on ne le faifoit aux repas du Pere Cafimir : point de maigre ; les viandes les plus exquifes, fervies avec toute la propreté poffible, s'y trouvoient en quantité. On fe mit à table : chacun

à côté de fa chacune, mangeoit, buvoit, pa-
tinoit, baifoit, parloit foutaife avec autant
de liberté qu'il y en avoit à nos feftins des
orgues. Je ne me fentois pas d'appétit, on
m'en faifoit la guerre : je me défendois mal ;
uniquement occupé du defir de retrouver ma
mere, ou, pour parler plus naturellement,
du defir de m'efcrimer avec quelqu'une de
nos Sœurs, je cherchois des yeux celle dont
la vigueur monacale m'avoit fait le fils, &
je leur trouvois à toutes un air de fraîcheur
& de jeuneffe qui ne me permettoit pas de
penfer que j'euffe cette obligation à aucune
d'elles. Quelques occupées qu'elles fuffent
auprès de leurs Peres, elles trouvoient toujours moyen de me lancer des regards dont
la paffion renverfoit les conjectures que je
pouvois faire : je m'imaginois fottement que
je reconnoîtrois ma mere au refpect, à la
tendreffe que la nature m'infpireroit pour
elle ; mais mon cœur me parloit également
pour toutes, & mon vit bandoit fans diftinc-
tion en l'honneur de chacune d'elles.

Mon inquiétude divertiffoit toute la compagnie. Quand on eut affez mangé pour mettre un intervalle entre les premiers mor-
ceaux & les derniers, il fut queftion de foutre : dans le moment je vis le feu briller dans
les yeux de nos adorables. Comme j'étois
nouveau venu, on voulut me donner l'hon-

neur de commencer la danſe. Allons, Pere
Saturnin, me dit le Prieur, il faut, mon ami,
que tu faſſes eſſai de tes forces avec la Sœur
Gabrielle, ta voiſine. J'avois déja commencé
à faire connoiſſance avec elle : nous avions
préludés par des baiſers donnés & reçus avec
feu de part & d'autre ; ſa main avoit même
été juſqu'à ma culotte. Quoiqu'elle parût la
moins jeune de la compagnie, je lui trouvois
aſſez de charmes pour ne pas envier le ſort
des autres : c'étoit une groſſe blonde, à qui
l'on ne pouvoit reprocher d'autre défaut
qu'un peu trop d'embonpoint ; ſa peau étoit
d'une blancheur éblouiſſante, la plus belle
tête du monde ; des yeux grands, bleus &
bien fendus ; la paſſion les rendoit tendres
& mourans, mais ils étoient vifs & brillans
dans le plaiſir : ajoutez une gorge ferme &
bien remplie, des tetons qui formoient, en
s'élevant au-deſſus du corſet, un contour
régulier, dont la chaleur, dont les mouvemens précipités charmoient les yeux, quand
on ſe contentoit de les regarder, & enflammoient, quand on y touchoit.

L'exhortation du Prieur n'avoit pas prévenu mes deſirs, Gabrielle les avoit excités : elle ſe prêta galamment à les ſatisfaire.
Viens, mon roi, me dit-elle, viens, je veux
avoir ton pucelage ; viens le perdre dans un
endroit où tu as reçu la vie. Ce mot me fit

trembler. Sans être devenu plus vertueux, j'avois acquis chez les Moines des connoissances qui ne me permettoient pas d'être avec Gabrielle ce que j'avois autrefois été avec Toinette. J'étois prêt à enconner : un reste de honte m'arrêta sur le bord du précipice, je reculai. Ah, Ciel! dit Gabrielle, en se relevant, est-il possible que ce soit là mon fils? Ai-je pu mettre au monde un lâche tel que lui? Quoi, foutre sa mere lui fait peur? Ma chere Gabrielle, lui dis-je en l'embrassant, contentez-vous de mon amour : si vous n'étiez pas ma mere, je ferois mon bonheur de vous posséder; mais respectez une foiblesse qu'il me feroit impossible de vaincre.

L'apparence même de la vertu est respectable aux cœurs les plus corrompus & les plus libertins. Mon action trouva des partisans parmi nos Moines : ils convinrent qu'ils avoient eu tort de vouloir me faire une pareille surprise; il n'y eut qu'un coquin d'entr'eux qui voulut entreprendre de me convertir. Pauvre sot, me dit-il, quoi, tu es assez simple pour t'effrayer d'une action aussi indifférente? Parlons raisonnablement; dis-moi un peu, qu'est-ce que la fouterie? La conjonction d'un homme & d'une femme: cette conjonction est ou naturelle ou défendue par la nature. Elle est naturelle, puisqu'il est vrai que les deux sexes ont dans le cœur un penchant invincible qui les porte, qui les entraîne l'un vers l'autre. Si ce penchant eſt dans le cœur de l'homme & de la femme indiſtinctement, l'intention de la nature étoit donc qu'on le ſatisfît indiſtinctement l'un avec l'autre ; & la preuve s'en tire du livre même dicté par le S. Eſprit. Dieu dit à nos premiers parens : *Croiſſez & multipliez.* Ils étoient ſeuls : comment Dieu entendoit-il que la multiplication ſe fît ? Adam ſuffiſoit-il tout ſeul pour peupler la terre ? Adam faiſoit des filles, il les foutoit : Eve avoit des fils, ils faiſoient avec elle ce que leur pere faiſoit avec leurs ſœurs ; ce qu'ils faiſoient eux-mêmes, quand l'occaſion s'en préſentoit. Deſcendons au déluge : il ne reſtoit dans le monde que la famille de Noë ; il falloit bien néceſſairement que les freres couchaſſent avec leurs ſœurs, les fils avec leur mere, le pere avec ſes filles, s'ils vouloient repeupler la terre. Allons plus loin : Loth fuit de Sodome, ſes filles, qui avoient toujours devant les yeux l'intention du Créateur, & qui venoient de voir leur bonnefemme de mere changée en ſtatue pour avoir été trop curieuſe, s'écrierent dans l'amertume de leur cœur : Hélas ! le monde va donc finir ! Elles auroient cru ſe rendre coupables aux yeux du ſouverain Etre, ſi elles n'avoient pas travaillé de tout leur pouvoir à

rétablir ce qu'il venoit de détruire : Loth
lui-même, pénétré de cette vérité, y contri-
bua de tout le sien. Voilà la nature dans sa
premiere simplicité : les hommes soumis à
ses loix, regardoient l'obligation de les exécuter comme leur premier devoir; mais bientôt corrompus par leurs passions, ils oublie-
rent la volonté de cette tendre mere, ils ne
voulurent pas rester dans l'état heureux où
elle les avoit placés, ils renverserent tout,
ils se forgerent des chimeres qu'ils qualifie-
rent de vertus & de vices, ils inventerent
des loix, qui, bien loin d'augmenter le nombre de leurs prétendues vertus, n'ont fait
qu'augmenter celui de leurs prétendus vices;
ces loix ont fait les préjugés, & ces préjugés,
adoptés par les sots & sifflés par les sages, se
sont fortifiés d'âge en âge. Il falloit donc
que ces impertinens Législateurs, en ren-
versant les loix de la nature, refondissent
les cœurs qu'elle nous avoit donnés, il falloit qu'ils reglassent nos desirs, qu'ils y mis-
sent des bornes ; & puisqu'ils prétendoient
qu'on ne devoit goûter les plaisirs de l'amour
qu'avec une seule femme, & même après certaines formalités, il falloit qu'ils restreignis-
sent les desirs de chacun pour un seul objet,
qu'ils ne fissent naître ces desirs qu'après certaines formalités, & les conservassent toujours les mêmes. Ils ne l'ont pû faire : la na-

ture, au fond de notre cœur, réclame contre
leur injuſtice : en un mot, la fouterie ſans
diſtinction eſt d'inſtitution divine, c'eſt un
précepte gravé par la main du Créateur, &
la fouterie diſtincte eſt d'inſtitution humai-
ne ; & l'une eſt auſſi élevée au-deſſus de l'autre, que le ciel l'eſt au-deſſus de la terre.
Peut-on, ſans ſe rendre criminel, écouter
l'homme préférablement à Dieu ? Non, non,
& S. Paul, interpréte ſacré des volontés du
Ciel, qui connoiſſoit toute l'étendue des devoirs de la nature, a dit : Plutôt que de brûler, foutez, mes enfans, foutez. Il eſt vrai
que pour ne pas choquer la foibleſſe des petits génies, il met un correctif à ſa penſée,
& ſe ſert de l'expreſſion, *mariez-vous* ; mais
au fond, c'eſt la même choſe : on ne ſe marie
que pour foutre. Ah ! que je t'en dirois bien
davantage, ſi je ne me ſentois preſſé de ſuivre le conſeil de ſaint Paul. On rit de la
ſaillie du Pere ; & déja le ribaud ſe levoit,
& le braquemart à la main, menaçoit tous
les cons de la ſalle : Attendez, dit une Sœur,
nommée Madelon, pour punir Saturnin, il
me vient une idée excellente. Quelle eſt-
elle, lui demanda-t-on ? C'eſt, répondit-
elle, de le faire coucher ſur un lit, Gabrielle
s'étendra ſur ſon dos, & le Pere, qui vient
de parier comme un oracle, exploitera Gabrielle. Les ris redoublerent à cette folie :
j'en

j'en ris moi-même, & dis que j'y consen-
tois, à condition que pendant que le Pere
foutroit sur mon dos, je foutrois moi avec
la donneuse d'avis. Allons, reprit-elle gaie-
ment, j'y consens pour la rareté du fait:
Chacun applaudit une imagination aussi bizarre: nous nous mîmes en posture, figurez-
vous quel spectacle cela devoit faire. Le
Pere ne poussoit aucun coup à ma mere
qu'elle ne le lui rendît sur le champ au triple; & son cul, en retombant sur le mien,
me faisoit enfoncer dans le con de Madelon: ce qui faisoit un ricochet de fouterie
tout-à-fait divertissant pour les spectateurs;
non pas pour nous, car nous étions trop
occupés pour nous amuser à rire. Il n'eût
tenu qu'à moi de me venger de Madelon,
en laissant tomber le poids de trois corps
sur le sien; mais elle étoit trop aimable &
trop amoureuse, elle travailloit de trop bon
cœur, pour me laisser concevoir une pareille
pensée; je la soulageois autant qu'il m'étoit
possible: elle en eut pourtant la peine; mais
ce fut plutôt un surcroît de volupté pour elle,
car ayant senti les délices de la décharge
avant nos fouteurs d'en-haut, le plaisir me
rendit immobile: Gabrielle le sentit, & les
coups de cul qu'elle répétoit avec une nouvelle vivacité, faisoient pour moi ce que je
n'étois plus en état de faire, & en m'agitant

E e

alloient donner de nouveaux ébranlemens
de plaisirs à Madelon, qui déchargeoit aussi.
Nos fouteurs finirent leur affaire, & joignirent leur extase à la nôtre : nos quatre corps
n'en firent plus qu'un, nous mourions, nous
nous confondions l'un dans l'autre.

Les éloges que nous fîmes de cette nouvelle façon de goûter le plaisir, firent venir
l'eau à la bouche des autres Moines & Sœurs.
Les voilà les uns les autres à foutre comme
des perdus en quatrain (c'est le nom que
nous donnâmes à cette posture), & nous, à
leur donner l'exemple. C'est ainsi que les
plus belles découvertes que l'on ait fait dans
la nature sont dûes au hazard.

Gabrielle étoit si charmée de cette inven-
tion, qu'elle avoua qu'elle avoit eu presque
autant de plaisir qu'elle en avoit goûté en
me faisant. Comme je n'étois pas moins curieux que les autres de sçavoir comment la
chose s'étoit passée, on la pria de la raconter. J'y consens, nous dit-elle, & d'autant
plus volontiers, que Saturnin ne connoît
encore que sa mere, sans sçavoir d'où elle
vient, ni comment elle s'est trouvée ici :
permettez-moi, mes Révérends, de l'en instruire, & de remonter un peu plus haut que
ce jour que vous souhaitez que je vous rappelle. Mon ami, continua-t'elle en m'a-
dressant la parole, tu ne te vanteras pas

d'une longue fuite d'ayeux illuftres, je n'en ai jamais connu : je fuis fille d'une Loueufe de chaife de ce couvent, & fans doute de quelqu'un des Peres qui vivoient alors ; car elle étoit trop vive, & trop amie du couvent, pour que je puiffe en confcience penfer que j'aie l'obligation de ma naiffance à fon bon-homme de mari.

A dix ans, je ne démentois pas le fang dont je fuis née, & je connoiffois l'amour avant que je me connuffe. J'étois toujours avec les Peres, ils fe faifoient un plaifir de cultiver mes heureufes inclinations. Un jeune Profès me donna des leçons fi touchantes & fi fenfibles, que j'aurois cru payer les autres d'ingratitude, fi je ne leur avois fait connoître que j'étois en état de leur en donner moi-même. Je m'étois déja acquittée envers chacun d'eux de ce que je lui devois, quand ils me firent la propofition de me mettre dans un endroit où je ferois en liberté de renouveller mes paiemens auffi fouvent que je le voudrois : je n'avois pu les faire jufqu'alors qu'à la fourdine, tantôt derriere l'autel, tantôt devant, tantôt dans un confeffionnal, & rarement dans les chambres. Cette idée de liberté me flatta, j'acceptai leurs offres, j'entrai ici.

Le jour de mon entrée, on m'avoit fait parer comme une jeune fille que l'on va me-

ner à l'autel. L'idée de mon bonheur répandoit un air de férénité fur mon vifage,
qui charmoit tous les Peres. Tous vouloient
me rendre leurs hommages, & chacun vouloit avoir la gloire de me les rendre le premier. Je vis le moment que le feftin de mes
noces alloit finir comme celui des Lapithes.
Mes Révérends, leur dis-je, votre nombre
ne m'épouvante pas ; mais mon courage me
fait peut-être trop préfumer de mes forces,
je fuccomberois : vous êtes vingt, la partie
n'eft pas égale. Je veux vous propofer un
accommodement : il faut nous mettre tous
nuds, & pour leur en donner l'exemple, je
commençai par me débarraffer de tous mes
ajuftemens, robe, corfet, jupe, chemife,
tout partit dans le moment ; je les vis tous
dans le même état que moi : mes Sœurs
étoient auffi toutes nues. Mes yeux favou-
rerent un moment le charmant fpectacle de
vingt vits roides, gros, longs, durs comme le fer, & qui fe préfentoient fiérement
au combat. Ah, fi j'avois eu affez de cons
pour les recevoir tous à la fois, je l'aurois
fait ! Allons, repris-je, il eft tems de commencer, je vais me coucher fur ce lit, j'é-
carterai les cuiffes affez, pour qu'en accou-
rant fur moi le vit à la main, vous puiffiez
m'enfiler l'un après l'autre, car il faut que
le fort regle le pas : les mal-adroits n'au-

ront pas à se plaindre, puisqu’en me manquant, ils trouveront des cons tous prêts sur qui ils pourront décharger leur colere. Voilà, Messieurs, ce que j’avois à vous proposer : ils applaudirent tous avec des battemens de main, à cet heureux essor de mon imagination. On tire au sort, je tends la bague, on court, un, deux, trois passent sans m’enfiler, & vont tomber sur mes Sœurs qui leur font oublier leur malheur par toutes sortes de plaisirs. Un quatrieme vient, c’étoit vous, Pere Prieur ! ah, je payai votre adresse par les transports les plus vifs, & si c’est le plaisir que l’on goûte dans une décharge mutuelle qui fait concevoir, vous ne devez partager qu’avec quatre ou cinq de ceux qui vous suivirent, la gloire d’avoir fait Saturnin ! Oui, mon ami, continua-t’elle en m’adressant la parole, tu as cet avantage au-dessus des autres hommes, ils peuvent bien dire le jour de leur naissance, mais non pas celui où ils ont été faits.

Telles étoient les conversations que nous avions dans la piscine, tels étoient les plaisirs que nous y goûtions : on juge que je n’étois pas des derniers à m’y rendre. Toutes les nuits j’allois chez le Prieur, ou chez le Dépensier : j’étois infatigable, & c’étoit toujours moi qui conduisois la bande joyeuse, j’étois l’ame de la piscine, j’en étois les dé-

lices ; & tout, jusqu'aux vieilles qui ser-
voient, tout y tâta de mon vit.

La réflexion cependant perçoit quelquefois au milieu de mes plaisirs : toutes nos
Sœurs me paroissoient charmées de leur sort.
Je ne pouvois concevoir que des femmes,
dont le naturel est vif & dissipé, eussent pû,
sans frayeur, concevoir le dessein de passer
leur vie dans une pareille retraite, y vivre
sans dégoût, & être sensibles à des plaisirs
achetés par un esclavage éternel. Elles
rioient de mon étonnement, & ne pouvoient
elles-mêmes concevoir que je pusse avoir de
pareilles idées. Tu connois bien peu notre
tempérament, me disoit un jour une d'entr'elles extrêmement jolie, & que le libertinage, fruit trompeur d'une éducation cul-
tivée, avoit fait jetter dans les bras de nos
Moines ; n'est-il pas vrai, me disoit-elle,
qu'il est plus naturel d'être sensible au bien
qu'au mal ? J'en convenois. Ferois-tu difficulté, reprenoit-elle, de sacrifier une heure
du jour à la douleur, si l'on t'assuroit que
l'heure suivante se passeroit dans une extrême joie ? Non assurément, lui disois-je. Hé
bien, poursuivit-elle, au lieu d'une heure,
mets un jour, de deux l'un sera pour le chagrin, & l'autre pour le plaisir ; je te crois
trop sage pour refuser un pareil parti, si
on te l'offroit : je dis plus, l'homme le plus

Indifférent ne le refuseroit pas, & la raison
en eſt bien naturelle. Le plaiſir eſt le premier mobile de toutes les actions des hommes, il eſt déguiſé ſous mille noms différens,
ſuivant les différens caracteres. Les femmes
ont de commun avec vous tous les caracteres poſſibles ; mais elles ont au-deſſus l'impreſſion victorieuſe du plaiſir de l'amour:
leurs actions les plus indifférentes, leurs penſées les plus ſérieuſes, naiſſent toutes dans
cette ſource, & portent toujours, quoique
déguiſée, la marque du fond d'où elles ſortent. La nature nous a donné des deſirs bien
plus vifs, & par conſéquent bien plus diffi-
ciles à ſatisfaire que les vôtres ; quelques
coups ſuffiſent pour abattre un homme, &
ne font que nous animer : mettons-en ſix,
une femme ne recule pas après douze. Le
ſentiment du plaiſir eſt donc au moins une
fois auſſi vif dans une femme, qu'il l'eſt dans
un homme ; & ſi tu te croyois heureux de
payer un jour de joie par un jour de chagrin,
trouverois - tu étrange que j'en donnaſſe
deux ? Serois - tu ſurpris que je paſſaſſe les
deux tiers de ma vie dans la peine, pour
paſſer l'autre tiers dans le plaiſir ? J'ai mis
les choſes égales entre nous : quand tu nous
vois continuellement occupées de ce qui
fait le ſouverain bonheur des femmes, quand
nous ſommes continuellement dans vos

bras, dis-moi, crois-tu que nous puiſſions ſonger à la peine, qu'elle ait quelque empire ſur nous? Ne trouveras-tu pas notre condition mille & mille fois plus heureuſe que celle de ces filles imprudentes, qui, nées avec des inclinations auſſi violentes que celles des autres femmes, viennent porter dans le fond de la ſolitude des deſirs qui ne ſeront jamais appaiſés par les embraſſemens d'un homme. Ah, qu'une pareille réflexion rendroit nos deſirs bien plus vifs, s'il étoit poſſible que nous nous refroidiſſions! Tu me demandes ſi nous n'avons pas de retour vers le monde: nos cœurs enchantés, ont-ils le tems de le regretter, & qu'y regretterions-nous? la liberté: elle n'eſt pas un bien quand elle eſt gênée dans le plus doux de ſes droits. Eſt-ce vivre qu'être continuellement expoſées à tous les caprices des hommes? Eſt-ce vivre qu'être continuellement dans les tourmens d'une chaſteté involontaire? Une fille brûle d'amour, & un préjugé fatal la note d'infamie, quand elle fait les premieres avances: ſi elle accorde une faveur, ſon amant ſe détache; ſi elle la refuſe, il ſe rebute; ſi elle veut faire valoir une grace, ſi elle veut, par quelques difficultés, irriter ſa paſſion, il s'échappe. Ainſi, toujours languiſſante, entraînée par l'amour, retenue par la bienſéance, elle ne trouve que

deux

deux écueils également terribles pour elle : si elle se livre à l'amour, une indiscrétion peut la perdre, ses plaisirs font toujours empoisonnés par la crainte du *qu'en dira-t-on* : si elle reste dans les bornes de la sagesse, il faut que son bonheur lui amene un mari : s'il ne vient pas, le tems fuit, les années se passent, ses charmes se flétrissent, elle meurt vierge & martyre ; mais je veux que son bonheur le lui amene ce mari, la voilà pour toujours attachée à un homme, un seul homme, qui peut à peine suffire à la moitié de ses desirs, & dont l'humeur bizarre fera peut-être de chacun de ses jours, autant de jours de supplice. Ici avons-nous quelque chose de semblable à craindre ? Libres des inquiétudes de la vie, nous n'en connoissons que les charmes, nous ne prenons de l'amour que les agrémens, & nous en laissons les chagrins à celles qui croient n'en prendre que ce qu'il a de plus délicat : tous vos Moines font nos amans, le couvent est pour nous un serrail qui se peuple tous les jours de nouveaux objets, dont le nombre ne se multiplie que pour multiplier nos plaisirs : nous ne remarquons la différence des jours que par la diversité des agrémens qu'ils nous procurent : ah ! Pere Saturnin, désabuse-toi, si tu nous crois malheureuses ! Telle d'entre nous est ici depuis bien long-tems, qui ne

s'eſt pas encore aviſée de penſer au tems
qu'elle y a paſſé ; & pour t'épargner la peine
de chercher cette heureuſe mortelle, je t'a-
vouerai que c'eſt moi.

Je ne m'attendois pas à trouver tant de
raiſonnemens, des penſées auſſi juſtes, des
réflexions auſſi ſuivies, une réſolution fon-
dée ſur des motifs auſſi ſenſibles, dans une
fille que je ne croyois que capable de ſentir
le plaiſir. Tout autre que moi auroit plaint
la ſociété de la perte d'un ſujet qui en auroit
pu faire les délices, ſi ſon tempérament le
lui avoit permis ; mais je ne ſongeai dans le
moment qu'à profiter de l'heureux penchant
qui me la livroit, & à réparer par mes tranſports un tems qu'elle avoit employé à me
prouver qu'elle n'étoit née que pour les
goûter.

L'homme n'eſt pas né pour un bonheur
durable : plongé dans tout ce que mon cœur
pouvoit déſirer de plus ſatisfaiſant pour lui,
je devins inquiet, je devins rêveur, j'oſe le
dire, j'étois en ſouterie ce qu'Alexandre
étoit en ambition : je déſirois de foutre toute
la terre, & après j'aurois été chercher un
nouveau monde, dans l'eſpérance d'y trouver de nouveaux cons.

Depuis ſix mois je jouiſſois de la gloire
inconteſtable d'avoir toujours remporté le
prix dans nos combats amoureux, mais du

plus brave que j'étois, je devins bientôt le plus lâche. Je ne foutois plus que comme les autres se branlent, faute de pouvoir faire mieux : l'habitude du plaisir en avoit émoussé la pointe, & j'étois avec nos six Sœurs comme un mari l'est avec sa femme. Le mal de mon esprit influa bientôt sur mon corps, & ma langueur fut suivie d'une impuissance totale pour ce qui avoit fait autrefois mon plus cher amusement. On s'en apperçut, on m'en fit des reproches ; mais tout ce qu'on put me dire ne fit que glisser sur mon cœur : j'allois rarement à la piscine, il ne fallut pas moins que toute la tendresse du Prieur pour m'y faire aller : il engagea nos Sœurs à travailler à ma guérison, & elles n'épargnerent rien pour y réussir : non-seulement elles employerent tous leurs charmes naturels, mais elles y joignirent encore ce que l'art le plus consommé peut suggérer à une vieille coquette fouteuse, pour rappeller un jeune cœur entraîné par la vivacité de ses passions ; tantôt se rangeant en cercle autour de moi, elles offroient à ma vûe les tableaux les plus lascifs ; l'une, mollement appuyée sur un lit, laissoit voir négligemment la moitié de sa gorge, une petite jambe faite au tour, & des cuisses plus blanches que l'albâtre, me promettoient le plus beau con du monde ; l'autre, les genoux élevés, & dans l'attitude

d'une femme qui se presente au combat,
étendoit les bras, soupiroit, & marquoit
par sa langueur & son agitation, l'ardeur
qui la consumoit ; d'autres, dans des postu-
res toutes différentes, la gorge découverte,
les jupes levées, se chatouilloient diverse-
ment le con, en s'agitant avec fureur, & en
exprimant par leurs soupirs & leurs exclamations le plaisir qu'elles ressentoient, marque assurée de celui qu'elles seroient ressen-
tir : tantôt toutes se mettoient nues, & me
présentoient la volupté dans tous les points
de vûe qu'elles croyoient pouvoir me flatter ; l'une, le visage appuyé sur un canapé,
me montroit le revers de la médaille, &
passant sa main par-dessous son ventre, elle
écartoit les cuisses & se branloit, de maniere qu'à chaque mouvement que faisoit son
doigt, je pouvois voir l'intérieur de cette
partie, qui m'avoit autrefois causé de si vives
émotions ; une autre, sur un lit de satin noir,
couchée sur le dos, les jambes pendantes &
écartées, me présentoit à l'endroit la même
image que la précédente ne m'offroit qu'à
l'envers : une troisieme me faisoit coucher
par terre entre deux chaises, & mettant ensuite un pied sur l'une & un pied sur l'autre,
elle s'accroupissoit, & son con se trouvoit
perpendiculairement sur mes yeux ; dans
cette situation, elle travailloit avec un god-

miché, pendant qu'une autre placée devant moi, foutoit de toutes fes forces avec le plus vigoureux de nos Moines, nud comme elle, & pofé de façon que je voyois tous les mouvemens & du con de la Sœur & du vit de fa Révérence, qui femblable à ces béliers que l'on fufpendoit autrefois aux portes d'une forterefle pour les enfoncer, tomboit avec impétuofité fur le ventre de la Sœur : enfin on offroit à ma vûe les images les plus lubriques, tantôt toutes à la fois & tantôt fucceffivement.

Quelquefois on me couchoit tout nud fur un banc, une Sœur fe mettoit à califourchon fur ma gorge, de forte que mon menton étoit enveloppé dans le poil de fa motte ; une autre s'y mettoit fur mon ventre ; une troifieme, qui étoit fur mes cuifles, tâchoit de s'introduire mon vit dans le con ; deux autres étoient placées à mes côtés, de façon que je tenois un con de chaque main ; une autre enfin, & celle qui avoit la plus belle gorge, étoit à ma tête, & s'inclinant, elle me preffoit le vifage entre fes tetons ; toutes étoient nues, toutes fe grattoient, toutes déchargeoient, mes mains, mes cuifles, mon ventre, ma gorge, mon vit, tout étoit inondé, je nageois dans le foutre, & le mien refufoit de s'y joindre. Cette derniere cérémonie, qu'on appelloit par excellence la *queſtion extraordinaire*, fut auſſi inutile que les précédentes : on me tint pour un homme confiſqué, & l'on abandonna la nature à elle-même.

Tel étoit mon état, quand en me promenant un jour dans le jardin ſeul, rêvant au malheur de ma deſtinée, je rencontrai le Pere Simeon, homme profond, qui avoit blanchi dans les travaux de Vénus & de la table, & tel que le vieux Neſtor, avoit vû pluſieurs fois renouveller le couvent. Il vint à moi, & m'embraſſant tendrement, me dit : O mon fils, votre douleur eſt grande, je le vois, mais que le ſujet ne vous en allarme point : mes longues méditations & mon expérience conſommée m'ont fait découvrir un moyen de faire renaître en vous ce ſentiment vif pour le plaiſir, cette ardeur voluptueuſe qui caractériſe le bon Moine ; votre mal eſt grand, mais aux maux déſeſpérés il faut de violens remedes.

La nature marâtre ne nous a donné des forces que juſqu'à un certain degré : j'avoue qu'elle nous traite, nous autres Moines, en enfans chéris ; mais la trop grande diſſipation dans un Moine peut faire ce qu'une moindre fera dans un homme ordinaire, & c'eſt cette diſſipation qui fait votre mal, c'eſt elle qui a cauſé votre dégoût. Il ne s'agit que de réveiller votre appétit malade par quel-

ques mêts fucculens, & je n'en connois pas
de meilleur qu'une dévote. Je ne pus m'empêcher d'éclater du ton flegmatique dont fa
Révérence m'enfeignoit un pareil fecret.
Comment donc, reprit-il, je vous parle très-
férieufement ; ce n'eft point ici un paradoxe
que je vous avance : tudieu, je vois bien que
vous êtes encore jeune : vous ne connoiffez
pas les dévotes, vous ne fçavez pas qu'elles
ont des reffources infaillibles pour rallumer
les chaleurs éteintes : elles poffédent l'art de
fe faire contenter par l'homme du tempérament le plus ufé : elles fçavent tirer parti de
tout ; je l'ai éprouvé, moi qui vous parle :
oui, mon fils, j'en ai foutu, & plus d'une.
Tems heureux, où je faifois retentir les voû-
tes du couvent en frappant avec mon vit,
hélas ! qu'êtes-vous devenu ! On ne parle plus
du vigoureux Pere Simeon, ce n'eft plus
qu'un vieillard caffé, fon fang eft glacé dans
fes veines, fa voix eft tremblante, la refpi-
ration lui manque, fes jambes lui refufent
leur fecours, fes couilles font féches, fon vit
eft difparu, tout meurt. J'avois toutes les
envies du monde d'éclater aux exclamations
originales du vénérable Pere Simeon : mais
la crainte de l'indifpofer de nouveau me re-
tint. O mon fils, pourfuivit-il, vous êtes encore dans cet âge heureux fait pour les plaifirs, profitez-en : j'en ai profité, mais il n'eft

plus tems d'y penser ; un soin plus important doit m'occuper à présent, c'est celui de la vie éternelle : je ne refuse pourtant pas mes avis à ceux qui, comme vous, peuvent en avoir besoin ; on n'est bon à rien, quand on n'est bon que pour soi. Je vous le répete : le seul moyen de vous tirer de votre léthargie, est de vous mettre au régime, c'est-à-dire, d'avoir recours à une dévote ; & celui d'y parvenir est d'obtenir la liberté de confesser : pour ce dernier article, je m'en charge ; Monseigneur me fait l'honneur de m'estimer, le meilleur usage que je puisse faire de son amitié est de l'employer à votre soulagement : l'autre article dépend de vous. Je remerciai le Pere de ses offres obligeantes ; & sans avoir beaucoup de foi à l'efficacité de son secret, je le priai de vouloir s'y employer : il me le promit.

Ce n'est pas tout, continua-t-il, avant que vous entriez dans cette carriere, il vous faut un guide pour y conduire vos pas. Je veux vous en servir : asséyons-nous sur ce banc, nous y serons plus à notre aise. Nous nous assîmes, & sa Révérence ayant toussé une bonne fois pour n'y plus revenir, reprit ainsi la parole.

Vous n'êtes pas à sçavoir, mon fils, que l'heureuse manie que l'on qualifie du nom de *confession*, doit son origine à nos ancêtres :
quand

quand je dis nos ancêtres, j'entends parler
des Prêtres & des Moines qui vivoient dans
ces tems reculés où remonte cette pratique
du Chriſtianiſme ; je peux bien leur donner
ce nom, puiſqu'ils nous ont laiſſé le plus bel
héritage que des peres puiſſent laiſſer à leurs
enfans ; héritage dont les revenus ſont aſ-
ſignés ſur la crédulité des peuples, payeurs
exacts, fermiers toujours fidéles, qui ne laiſſent jamais accumuler les arrérages.

J'ai toujours admiré la profondeur du génie de ces illuſtres Fondateurs. Dans ces
ſiécles ſéveres, les Prêtres ne connoiſſoient
pas les richeſſes, les pauvres Moines atten-
doient le ventre creux que la charité des
fidéles pourvût à leurs néceſſités ; on établit
la confeſſion, tout change de face, les biens
fondent ſur nous, bientôt nous quittons nos
déſerts, nous venons dans les villes re-
nouer avec les humains, nos richeſſes ne
font qu'augmenter à l'ombre de ce tribunal
auguſte. Loués ſoient mille & mille fois les
heureux inventeurs de cette méthode pieu-
ſe, ſur laquelle Dieu verſe ſes bénédictions
depuis tant de ſiecles. *Amen.*

Je ne vous parlerai pas de l'excellence
du poſte de Confeſſeur, vous verrez par
vous-même que la direction des conſciences
n'eſt pas la culture d'un terroir ingrat, quand
on ſçait allier à la connoiſſance du cœur hu-

main, des refforts qui le font agir, des paffions qui l'animent, avec un air compofé &
dévot, un roulement d'yeux étudié, beaucoup de difcrétion, beaucoup de douceur,
quelque condefcendance pour les foibleffes
qu'il faut pardonner à la nature : vous at-
tirez les bénédictions du peuple, les éloges,
les careffes des femmes, elles vous adorent;
le Dieu dont elles viennent implorer la miféricorde par votre miniftere, eft moins leur
Dieu que vous. Je ne vous dirai pas quel
parti vous devez tirer de ces heureufes difpofitions par rapport à votre fortune, votre intérêt feul vous le dictera ; mais le confeil que j'ai à vous donner, c'eft de plumer
impitoyablement ces vieilles douairieres,
ces vieilles bigotes qui viennent à votre
confeffionnal , moins pour fe réconcilier
avec Dieu, que pour voir un beau Moine.
Je ne vous demande grace que pour les jolies, parce que je la leur ai faite ; mais je me
faifois payer d'une autre monnoie.

Une jeune fille, par exemple, ne peut
faire de préfens ; mais elle peut donner quelque chofe de bien plus précieux, fon pucelage. Il faut ufer d'adreffe pour lui enlever
ce charmant bijou: fixez-vous à ces jeunes
dévotes; je prévois qu'il n'y a qu'elles qui
puiffent vous guérir : gardez-vous cependant de vous livrer fans ménagement à la vi-

vacité que pourroit vous infpirer l'efpérance de votre guérifon : on court moins de rifque à expliquer fes fentimens à une femme
que l'ufage a aguerrie, qu'à une jeune perfonne chez qui la paffion n'a pas encore
triomphé des préjugés de l'éducation. Une
femme vous entend à demi-mot, fon cœur
a déja fait la moitié du chemin avant que
votre bouche lui ait appris vos defirs : il n'en
eft pas de même d'une jeune fille ; mais s'il
eft plus difficile de la vaincre, la victoire en
eft bien plus douce. Je vais vous en tracer
la route.

Dans toutes vous trouverez un penchant
naturel pour tous les plaifirs de l'amour. Le
grand art eft de fçavoir manier ce penchant :
telle qui paroît fous un habit modefte, fous
un air mortifié, les yeux baiffés, & la démarche compofée, couvre un feu caché fous
la cendre, toujours prêt à s'allumer au premier vent de l'amour. Parlez : fûres de trouver dans un pareil commerce, dont le myftere met leur réputation à l'abri de la mé-
difance, toutes les douceurs qui peuvent les
confoler de leur défaite, elles n'oppoferont
qu'une foible réfiftance à vos premieres attaques ; preffez, votre victoire eft certaine.

D'autres, dont le tempérament eft moins
vif, moins impétueux, donneront plus d'e-
xercice à votre adreffe ; avec celles-ci, mê-

lez les careſſes de l'amant aux remontrances du Directeur ; échauffez leur naturel par
des diſcours débités avec art ; informez-
vous adroitement des progrès qu'elles ont
fait dans la ſcience de ſe procurer du plaiſir ; levez imperceptiblement à leurs yeux
le voile qui leur cachoit des voluptés in-
connues ; découvrez-leur tous les myſteres
de l'amour, faites-leur en des peintures vives & riantes, qui piquent, qui échauffent
leur ſenſualité ; montrez-leur le plaiſir dans
les attitudes les plus ſéduiſantes, & dans
les ſituations les plus favorables pour exciter leurs deſirs.

Vous m'objecterez peut-être qu'il eſt difficile de réuſſir dans la pratique d'un art auſſi
dangereux : point du tout, il ne faut que de
l'adreſſe. Je conviens avec vous qu'il ſeroit
dangereux d'encenſer ouvertement leurs deſirs, quelques perſuaſifs que fuſſent les raiſonnemens que leur cœur leur feroit en faveur de votre morale ; car le premier ſentiment eſt pour ce qui nous flatte : mais la
réflexion ramene à la raiſon. Cette raiſon
ſévere qui n'adopte que des maximes ſéveres comme elle, leur ouvriroit les yeux ſur
le péril qu'elles pourroient courir en vous
écoutant ; mais il eſt mille moyens de con-
cilier leur cœur & leur raiſon : que les portraits que vous leur ferez des plaiſirs, pa-

roiſſent faits moins pour les engager à s'y livrer, que dans la vue de les en détourner ; inſiſtez ſur les plaiſirs, ſoyez court ſur les conſéquences, la raiſon s'oppoſera vaine-ment aux impreſſions que vos diſcours fe-ront dans leur cœur ; ces impreſſions feront toujours dominantes, on s'en occupera, on les careſſera, on voudra goûter dé ces plai-ſirs, on craindra de ſuccomber, on revien-dra à vous ; voilà le moment déciſif. Plai-gnez-les, flattez leur foibleſſe, attendriſſez-vous avec elles, plus de morale ; raſſurez leur cœur du côté du Ciel ; détruiſez leurs préjugés du côté du monde ; faites-leur en-viſager que ce n'eſt pas un ſi grand mal que de céder à ſon penchant ; que les faveurs qu'une fille tendre peut accorder à ſon amant, ne ſont rien quand elles ſont enſe-velies dans l'ombre du ſecret, qu'elles n'en rendent la beauté que plus vive & plus pi-quante par les nouveaux attraits dont elles l'embelliſſent ; qu'il eſt dangereux de gar-der trop long-tems une fleur qui ſe fane tous les jours, qu'il eſt ſi doux de la laiſſer cueillir, que ſa perte n'eſt qu'idéale ; qu'un mari, quelque habile qu'il ſoit, fût-il éclairé par les yeux de la jalouſie même, n'en ſçau-roit avoir le moindre ſoupçon. Ajoutez, d'une maniere détournée, qu'il eſt mille fe-crets pour empêcher ce que les filles craignent tant, la groffeffe, que vous en fçavez. Arrêtez-vous alors, examinez leur vifage, vous le verrez enflammé ; leurs yeux, vous les verrez étincelans ; vous les verrez chancelantes ; laiffez tomber négligemment votre main fur leurs tetons, preffez-ies, ferrez-leur tendrement la main, lancez – leur des regards paffionnés, bientôt vous entendrez leurs foupirs, fideles interpretes des fentimens de leur cœur ; joignez vos foupirs aux leurs, appliquez un baifer fur leur bouche, offrez-vous alors pour confolateur de leurs peines : l'aveu de ce qui fe paffe dans leur cœur établit la confiance, on ne rougit plus d'être foible avec un homme qui connoît votre foibleffe, & qui, par la fienne, vous confole de la vôtre.

Le difcours du Pere Simeon m'avoit fi fort échauffé l'imagination, il avoit été porter à mon cœur de fi douces émotions, que, prefque convaincu, je ne voulus plus douter de la poffibilité d'une chofe que je n'avois d'abord regardée que comme un badinage. Je réitérai mes imftances auprès du Pere avec plus de vivacité que je ne l'avois fait la premiere fois ; & bientôt, par fon canal, j'obtins ce que je demandois.

Il me tardoit de me voir érigé en Médiateur entre les pécheurs & le Pere des miféricordes. Je me faifois une peinture charmante du plaisir que j'allois avoir à entendre la confession d'une jeune fille timide, qui n'auroit pas laissé de donner à son tempérament les petites satisfactions qu'il auroit exigées d'elle. Je fus au confessionnal prendre possession de mon poste.

On dit qu'un grand Philosophe avoit la foiblesse de rentrer chez lui, & d'y rester toute la journée, quand en sortant le matin, une vieille étoit la premiere personne qui s'offroit à ses yeux. Si l'exemple du Philosophe avoit été une regle pour moi, j'aurois sur le champ déserté le confessionnal ; cependant je tins bon, & je m'armai de courage contre l'ennui véritable que devoit me causer la confession d'une vieille qui se présenta pour ma premiere pratique.

J'essuyai patiemment un déluge de balivernes, que je payai par des maximes de morale si consolantes, par un patelinage si adroit, que ma vieille, charmée, m'auroit sur le champ donné des marques de sa satisfaction, si heureusement le grillage ne s'étoit trouvé entre nous ; mais pour me dédommager, elle me voua un attachement à l'épreuve de toutes les tentatives que les autres Directeurs pourroient faire pour la détacher de moi. Je lui passai son transport en faveur du profit que j'en pourrois tirer ; car lui voyant un air aisé, je la mis sur le champ dans la claſſe de ces vieilles douairieres, dont le pere Simeon m'avoit parlé : allons, dis-je en moi-même, *bon pour plumer*. Pour cela il falloit ſonder le terrein : elle étoit grande babillarde : je la mis adroitement ſur le chapitre de ſa famille : grandes invectives d'abord contre un traître de mari qui portoit ailleurs un bien qui lui appartenoit. La bonne Dame paroiſſoit bleſſée dans l'endroit ſenſible ; autres invectives contre un fripon de fils qui ſuivoit l'exemple de ce mari perfide. Tous ſes éloges furent pour ſa fille, c'étoit toute ſa conſolation, une fille d'une dévotion édifiante, d'une pureté de mœurs angélique, une fille toujours retirée dans ſa chambre pour être plus éloignée de tout commerce avec le monde, une fille dont toute l'occupation, tous les plaiſirs étoient le travail & la priere, qui ne ſortoit que pour venir à l'égliſe. Ah, ma chere Sœur, m'écriai-je alors d'un ton de Tartuffe, que vous devez être charmée de vous voir revivre dans une pareille fille ! Mais cette ſainte ame vient-elle à notre égliſe ? Que je ſerois heureux ſi j'étois édifié par ſon exemple ! Vous la voyez tous les jours ici, me répondit la vieille. Quelque ſoit ſa dévotion, ſa beauté eſt encore plus frappante ; mais dois-je parler de beauté devant vous qui êtes des Saints ? vous mépriſez cela. Ah, ma chere Sœur,

repris-

repris-je, nous croyez-vous affez injuftes pour refufer une admiration légitime à la beauté des ouvrages du Créateur, fur-tout quand ce qu'ils ont de mondain fe trouve réparé par tant de vertus céleftes. Là-deffus ma vieille, enthoufiafmée du tour que je venois de donner à ma curiofité, me fit le portrait de fa Sainte, & je la reconnus pour une brune piquante, qui fe trouvoit régulierement à tous nos offices. Pere Simeon, me dis-je alors, voilà de nos dévotes; ménageons celle-ci, elle pourroit bien vous rendre Prophete. J'aurois peut-être effarouché la mere, fi dans la premiere converfation je l'avois engagée à faire ranger fa fille au nombre de mes pénitentes : je remis cela à une feconde féance; & pour gagner ma vieille, je lui donnai une abfolution générale, tant pour le paffé que pour le préfent : je l'aurois même donnée pour l'avenir, fi elle avoit voulu; cela ne coûte rien. Je l'engageai cependant à venir fe rafraîchir fouvent dans les eaux de la pénitence; ainfi finit ma premiere expédition.

Il me femble que je vous entends crier: Allons, Dom-Bougre, vous voilà dans le bon chemin, vous êtes en train de vous guérir, à ce qu'il paroît. Oui, Lecteur, oui, la fainteté du caractere dont je viens d'être revêtu commence à opérer; Dieu foit loué.

H h

Que la grace eſt puiſſante ! Je bande déja aſſez pour me faire croire que je banderai bien-
tòt davantage.

Je ne manquai pas le lendemain d'aller à
l'office : on s'imagine bien à quelle intention. Je vis ma brune qui prioit Dieu de tout
ſon cœur. La voilà, me dis-je, cette charmante enfant, ce modele de toutes les vertus ! Ah ! quel plaiſir de croquer un morceau
auſſi délicat ! Quel raviſſement de donner à
cela la premiere leçon du plaiſir amoureux !
Vivat, je ſuis guéri, je bande comme un
Carme : pourquoi ne pas dire comme un Cé-
leſtin, valent-ils moins que les autres ? Mais
ma dévote me regarde : ſa mere lui auroit-
elle parlé de moi ? Ah ! vìte, appaiſons le
feu que ſa vûe nous inſpire, branlons-nous :
le roulement d'yeux que me cauſoit le plaiſir, fut pris pour un excès de dévotion.

Le plaiſir que j'avois en me branlant à l'intention de ma dévote, m'étoit un ſûr garant
de celui que j'aurois, ſi j'en pouvois faire
davantage. J'attendois de mon adreſſe un
bonheur que le hazard me procura quelques
jours après.

J'étois un jour ſorti du couvent : le Portier, quand je rentrai, me dit, en m'ouvrant
la porte, qu'une jeune Dame m'attendoit au
parloir depuis deux heures, & vouloit ab-
ſolument me parler. J'y courus : quelle fut

ma surprife en reconnoiffant ma dévote !
Si-tôt qu'elle me vit, elle vint avec précipitation fe jetter à mes pieds : Ayez pitié de
moi, mon Pere, me dit-elle, en verfant un
torrent de larmes dont l'abondance l'empêcha d'en dire davantage. Qu'avez-vous
donc, ma chere fille, lui demandai-je en la
relevant avec empreffement ? Parlez avec
confiance, le Seigneur eft bon, il voit vos
larmes, elles ont eu leur effet, & déja il vous
a fait miféricorde, ouvrez votre cœur à fon
Miniftre. Elle voulut parler, fes fanglots
l'en empêcherent, elle tomba évanouie entre mes bras. Embarraffé de cet accident,
j'aurois été affez fot pour aller chercher du
fecours : déja même j'avois fait quelques pas,
la réflexion me fit revenir : Où vas-tu, me
dit-elle, attends-tu une plus belle occafion?
Je m'approchai de ma dévote, je la délaçai,
je lui découvris la gorge : jamais plus beau
fein ne s'étoit offert à ma vûe; en écartant
fa robe & fa chemife, je crus ouvrir le Paradis. Je fixai mes yeux fur deux globes gros,
blancs & fermes comme le marbre : j'avois
beau les preffer, je ne pouvois les faire toucher : je les baifois, je les preffois contre mes
joues, je collois ma bouche fur fa bouche,
je réchauffois fon fouffle. Sur le champ emporté par un mouvement dont je n'aurois
pû me rendre raifon à moi-même, je courus

à la porte de la rue : j'affectai de l'ouvrir &
de la refermer, comme fi je venois de conduire quelqu'un dehors : je revins à ma dévote, je la pris dans mes bras, je la preffai
amoureufement : une palpitation fubite me
faifit, je la quittai, je reftai tremblant à la
confidérer ; & tout-à-coup foufflant ma lumiere, je repris ma chere dévote dans mes
bras : Amour, m'écriai-je, feconde-moi. Je
gagnai ma chambre avec ce cher fardeau.
Dieux, qu'il étoit léger ! Je le mets fur mon
lit, je ferme ma porte, je rallume ma bou-
gie, & je reviens plus tremblant que je ne
l'avois encore été, confidérer ma proie : tous
mes mouvemens ne lui avoient pas fait reprendre fes efprits. Je découvre toute fa
gorge, je leve fes jupes, j'écarte fes cuiffes :
un fentiment délicieux combat contre ma
lubricité : je m'arrête, j'examine, j'admire.
Quel voluptueux fpectacle ! L'Amour & les
Graces fe trouvoient fur toutes les parties
de fon corps ; blancheur, embonpoint, fermeté, délicateffe, tout y charmoit, tout étoit
fait au tour : le blanc parfemé de petites veines bleues, qui montroient la fineffe de la
peau, le noir d'un poil plus doux que le ve-
lours, le vermeil d'un con ménagé avec les
nuances les plus heureufes, formoient un
contrafte parfait, & me faifoient douter laquelle de ces couleurs contribuoit le plus à

la perfection d'un tableau qui m'enchantoit.
Apelles, toi qui travaillas pendant dix ans
à raffembler les traits des beautés les plus
parfaites de la Grece, fi ma dévote s'étoit
offerte à tes yeux, tu l'aurois peinte, & la
Divinité que tu voulois repréfenter en eût
été jaloufe.

Las d'admirer fans jouir, je portai la bouche & les mains avec fureur fur ce que je venois de voir ; mais à peine y eus-je touché,
que mon aimable dévote pouffa un grand
foupir, & commença à donner un figne de
connoiffance en portant fa main où elle fentoit la mienne. Je la baife, ma bouche refte
collée fur fa bouche : ma dévote veut fe débarraffer, elle me répouffe ; furprife, effrayée
de fe trouver fur un lit dans une chambre,
elle jette des regards inquiets, elle cherche
à pénétrer en quel lieu elle eft, elle veut parler, fa langue eft embarraffée. L'ardeur qui
me brûle produit fur moi le même effet, je
ne la quitte pas : elle fait fes efforts pour s'arracher de mes bras ; je lui réfifte, je la ren-
verfe : elle fe releve furieufe, elle fe jette à
mon vifage, elle veut le déchirer, elle mord,
elle frappe, tout fon corps s'agite, la fueur
coule fur fes joues animées : rien ne m'arrête ; j'appuie ma poitrine fur fa poitrine, mon
ventre fur fon ventre, je tâche par mon poids
de la fixer fous moi : je laiffe faire à fes mains

tout ce que la fureur & l'ardeur de fe défendre lui infpirent, j'employe les miennes
à lui écarter les cuiffes, elle les ferre opiniâ-
trément, je défefpere de triompher ; la rage
augmente fes forces, la paffion diminue les
miennes ; je m'excite, je les réunis, j'écarte
fes cuiffes, je lâche mon vit, qui ne fent pas
plutôt que j'ai déboutonné ma culotte, qu'il
s'échappe avec la même impétuofité qu'un
arbre fe redreffe quand on coupe la corde
qui le tenoit courbé vers la terre, je l'approche du con, je pouffe, il entre : toute la
fureur de ma dévote s'évanouit, elle me ferre
entre fes bras, me baife, ferme les yeux &
tombe pâmée : je ne me connois plus, rien
ne m'arrête, je pouffe, je repouffe, j'approche du but, je l'atteins, j'y touche, j'inonde
le fond de fon con d'un torrent de foutre :
elle redécharge, nous reftons fans connoiffance ; nos efprits avoient abandonné le refte
de notre corps pour fe porter dans un endroit où le plaifir regnoit avec un fentiment
fi vif.

L'aimable compagne de ma volupté revint bientôt à elle-même ; mais ce ne fut que
pour m'inviter par fes careffes à la replon-
ger dans le même état : elle me paffe les mains
autour du col, elle me baife tendrement :
j'ouvre les yeux, je les fixe fur elle : les fiens
font languiffans, ils fe troublent, ils s'éga-

rent : fon con s'enflamme, c'eft une four-
naife : mon vit brûle. Ah! me dit-elle, le
plaifir me fuffoque, je meurs! Ses membres
fe roidiffent, elle donne un coup de cul, j'en
rends deux, nous déchargeons encore.

Nous répétâmes fans difcontinuer, jufqu'à ce que la nature, trop foible pour l'ardeur de nos defirs, refufa d'y répondre, &
nous força de lui donner quelque relâche.
Je profitai de ce moment pour courir à la
cuifine, où l'on me donna fur ce qui devoit
aller à l'infirmerie, de quoi réparer les forces de plus d'un malade ; je dis que je l'étois.
Je revins à ma chambre, je trouvai ma chere
dévote plongée dans la trifteffe : je la diffi-
pai par mes carreffes, & j'attendis que nous
euffions fatisfait un befoin plus preffant
pour m'informer du fujet de fon chagrin.
Nous foupâmes le plus commodément qu'il
nous fut poffible, & fans faire beaucoup de
bruit, de crainte qu'on ne s'apperçût du tré-
for que je cachois, & qu'il ne fût confifqué
au profit de la pifcine, fuivant les regles de
l'Ordre.

Comme nous étions tous deux extrêmement fatigués, nous fongeâmes plutôt à nous
repofer qu'à caufer. Quand nous eûmes fini
notre repas, nous nous mîmes au lit ; mais
nous ne nous vîmes pas plutôt nuds, que le
repos s'enfuit bien loin de nous : je portai la

main au con de ma dévote, source & tombeau des délices que j'avois goûtés : elle porta la sienne à mon vit, & admirant sa grosseur, sa longueur, la fermeté de mes couilles : Ah, me dit-elle, je ne suis plus surprise que tu m'ayes réconciliée avec un plaisir que j'avois résolu de haïr. Je songeai moins à lui en demander la cause, qu'à lui faire sentir, en le lui faisant goûter de nouveau, qu'elle avoit eu tort de former une pareille résolution. Elle me reçut avec une vivacité qui m'auroit ranimé dans les bras de la mort même, nos culs se levoient & se baissoient comme des flots agités par l'orage, nos corps étoient comme deux barres d'acier qui sortent de la fournaise, nous nous tenions si étroitement embrassés qu'à peine pouvions-nous respirer : il sembloit que nous craignissions que le moindre intervalle n'anéantît nos plaisirs, le lit ne pouvoit plus soutenir nos secousses, il suivoit l'impression de nos corps, il craquoit effroyablement. Une douce ivresse succéda bientôt à nos efforts, & nous nous endormîmes couchés l'un sur l'autre, étroitement serrés, langues en bouche & vit en con.

L'aurore nous trouva dans la même posture où nous nous étions endormis ; & soit que l'imagination, agissant sur nos corps pendant le sommeil, eût fait distiller cette

eau

eau délicieuſe qui annonce par ſa quantité le dégré du feu intérieur, ſoit que nous euſſions déchargés machinalement, nous nous réveillâmes tous trempés, les draps étoient inondés, & le matelas même avoit participé à nos plaiſirs. Nous ne fûmes pas long-tems à les renouveller : le repos m'avoit rendu aſſez de forces pour vous faire penſer que je m'en acquittai monachalement. Je ne dirai pas combien de fois ; je n'eus pas la peine d'enconner. Je paſſe rapidement à vous informer du ſujet qui avoit jetté ma dévote entre mes bras.

Je lui voyois un air d'inquiétude & de triſteſſe qui me pénétroit. Je la priai tendrement de s'expliquer, & d'être perſuadée que je remédierois à ſa douleur à quelque prix que ce fût. Perdrai-je ton cœur, cher Saturnin, me dit-elle en me regardant languiſſamment, quand je t'avouerai que tu n'eſt pas le premier qui m'ait fait goûter les plaiſirs de l'amour ? Raſſure mon cœur contre une crainte dont il ne peut ſe défendre, & qui vient, malgré moi, de répandre ſur mon viſage une triſteſſe que je n'ai pu te cacher. Oui, c'eſt cette ſeule crainte qui m'inquiéte à préſent ; celle de mon ſort ne m'occupe plus, puiſque je ſuis avec toi. Oſes-tu, lui répondis-je, te défier des charmes que tu étales à mes yeux ? Que tu en

connois peu le prix, si tu doutes de leur effet ! Oui, l'ardeur qu'ils m'inspirent est trop
forte, pour ne pas s'indigner d'une pareille
crainte: que tu me connois peu ! Si un préjugé ridicule a mis une différence entre une
fille foutue & une fille à foutre, ce préjugé
n'est pas ma regle. La beauté, pour en avoir
charmé d'autres, doit-elle perdre le droit
de nous charmer ? Quand tu l'aurois fait
avec toute la terre, n'es-tu pas toujours la
même, n'es-tu pas toujours une fille adorable, en serois tu moins précieuse à mes yeux?
Les plaisirs que tu as donnés à d'autres, ont-
ils altéré la vivacité de ceux que tu viens
de me donner? Tu m'enleves, me répondit-
elle, je ne fais plus de difficulté de t'apprendre des infortunes que tu viens de faire
cesser.

Suite de l'Histoire de la Sœur Monique.

Mon malheur a sa source dans mon cœur,
dans un penchant insurmontable que la nature m'a donné pour le plaisir, l'amour est
mon centre, c'est ma Divinité, je suis faite,
je ne respire que pour lui : une mere in-
juste & cruelle s'étoit imaginé que sa volonté devoit me tenir lieu de vocation pour
le cloître. Trop timide pour oser mettre mon
goût en concurrence avec ses ordres abso-

lus, je ne fis parler que mes larmes, elles
ne l'attendrirent pas : j'entrai, je pris le
voile. Le moment fatal où je devois prononcer l'arrêt de ma mort approchoit : je frémis à la vûe du serment que j'allois faire.
L'horreur d'une prison telle que le couvent,
& le désespoir d'être éternellement privée
de mon unique bien, me plongerent dans
une maladie qui auroit terminé mes peines,
si ma mere, touchée enfin de mon état malheureux, ne s'étoit reproché sa dureté : elle
étoit elle-même Pensionnaire dans le couvent où elle vouloit que je prisse l'habit. Un
projet de retraite qu'elle avoit conçu sans
consulter son cœur, l'y avoit amenée, la réflexion l'en retira : les femmes, quelques
vertueuses qu'elles soient, ne renoncent pas
au plaisir, ne se voient pas vieillir sans chagrin ; c'est un sentiment naturel que leurs
efforts peuvent bien dissimuler, mais qu'ils
n'arracheront jamais de leur cœur. Ma mere
jugeant, par la violence que son tempérament lui faisoit, de celle que je devois essuyer du mien, consentit à me tirer de mon
cachot, & reparut bientôt dans le monde
sur le pied d'une femme qui se consoleroit
aisément de la perte du défunt dans les bras
d'un cinquieme mari.

Connoissant le génie de ma mere, je jugeai sagement qu'il seroit dangereux pour moi de me trouver en rivalité avec elle: j'étois bien perfuadée, & je pouvois l'être fans vanité, qu'un amant qui fe préfenteroit, ne balanceroit pas entre nous deux, & c'étoit cette préférence que je redoutois. Je compris que les plaifirs de l'amour, quoique goûtés dans le myftere, n'en étoient ni moins vifs, ni moins piquans; que la retraite pouvoit me procurer ces plaifirs auffi aifément que le grand monde: je ne penfai plus, je n'agis plus qu'en conféquence de ce fyftême, & je paffai bientôt pour une dévote du premier ordre. J'étois charmée du progrès de mon ftratagême, & je ne fongeai qu'à nouer quelque intrigue fecrette à l'ombre de cette haute réputation de vertu où je m'étois mife.

Cette réputation parut équivoque à un jeune homme que j'avois autrefois vu à la grille: il m'étoit arrivé une aventure cruelle à fon fujet. J'interrompis en cet endroit ma dévote: je me rappellois ce que Suzon m'avoit autrefois appris de la Sœur Monique, fon averfion pour le couvent, fa paffion pour l'amour, la fcene qu'elle avoit eue avec Verland, le caractere, le féjour que fa mere avoit fait dans le couvent; je confrontois le portrait de cette Sœur avec le charmant minois que j'avois devant les yeux. J'allai plus loin: je me reffouvenois que Suzon m'a-

voit dit que la Sœur avoit le clitoris un peu
long. Dans l'efpérance de trouver à ma dévote ce dernier figne qui devoit confirmer
mes foupçons, je la fis coucher fur le dos;
& lui examinant le con avec une attention
que la paffion ne m'avoit pas encore per-
mife, j'y trouvai ce que je cherchois, un petit clitoris vermeil, un peu plus long que
les femmes ne l'ont ordinairement, & qui
fembloit n'être placé dans cet endroit charmant que pour augmenter les plaifirs qu'il
donnoit.

Ne doutant plus que ce ne fût elle, je l'em-
braffai avec un nouveau tranfport. Chere
Monique, lui dis-je, aimable Sœur, eft-ce.
toi que mon bonheur m'envoie? Elle fe débarraffa de mes bras; & me regardant avec
une furprife inquiéte, elle me demanda qui
pouvoit m'avoir appris le nom qu'elle portoit au couvent. Une fille, lui répondis-je,
dont la perte m'a coûté bien des larmes, &
à qui tu n'avois caché aucun de tes fecrets.
Ah, s'écria-t'elle, je reconnois Suzon à ce
portrait, elle m'a trahie! Oui, lui répondis-je, c'eft elle; mais c'eft un fecret qu'elle
n'a jamais révélé qu'à moi; & pour t'engager davantage à lui pardonner, je t'avouerai que ce n'eft qu'à mes importunités que
je dûs la confiance de cette chere fœur.
Comment, reprit Monique, tu es le frere

de Suzon! Ah, je ne me plains plus d'elle; & si je le faisois, je me mettrois dans la nécessité de la défendre contre les plaintes que tu en pourrois faire à ton tour; car elle ne m'a pas caché ce qui lui étoit arrivé avec toi. Nous nous attendrîmes ensemble sur le sort de notre malheureuse Suzon, & la Sœur Monique reprit ainsi le fil de son discours.

Puisque Suzon t'a tout dit, qu'elle t'a conté mon aventure avec Verland, tu dois te douter que c'est de lui que je veux te parler à présent. Ma métamorphose l'avoit surpris; il m'avoit vûe à la grille, vive, ardente, coquette: une absence de plusieurs années ne m'avoit pas fait sortir de son souvenir. Le bruit que faisoit ma dévotion étoit dans toute sa force quand il revint; il ne voulut en croire que ses yeux sur ce prétendu changement: il me vit à l'église, & l'amour lui fit bientôt un devoir d'une exactitude à m'y suivre, qu'il n'avoit prise d'abord que pour un simple mouvement de curiosité.

Ma feinte dévotion ne m'empêchoit pas de lancer à la dérobée des regards curieux sur ce qui m'environnoit: je l'apperçus, je sentis les plus vives émotions, je rougis à la vûe d'un homme qui avoit autrefois été témoin de toute ma foiblesse; & je rougis encore plus de ne pouvoir lui cacher les difpofitions où mon cœur étoit de retomber dans la même faute. L'âge, en tempérant fa vivacité, n'avoit rendu les graces que plus mâles & plus touchantes : fa préfence ralluma mes defirs, ils m'entraînoient tous les jours au même endroit, & tous les jours je l'y voyois auffi attentif à me regarder, & auffi tendre dans fes regards. Je m'étois fait violence pour contraindre les miens la premiere fois que je l'avois vû ; fon affiduité me rendit à la fin cette violence impoffible, je ne lui cachai plus ce qui fe paffoit dans mon cœur, & mes yeux lui firent fentir combien j'étois mécontente de fa lenteur à m'apprendre de bouche les mouvemens du fien : il m'entendit ; & profitant un jour du moment que j'allois fortir de l'églife, au défefpoir de l'inutilité de mes avances, il me fuivit dans un détour obfcur & folitaire par où j'allois paffer : il m'aborda d'un air timide, & me dit : Charmante Monique, un homme qui pour la premiere fois qu'il a eu le bonheur de vous voir, a mérité votre colere, peut-il aujourd'hui, fans courir le même rifque, fe préfenter à vos yeux ? Ah, fi le repentir le plus vif peut vous faire oublier ma faute, vous devez me voir fans indignation ! Sa voix étoit tremblante. J'eus pitié de lui, je lui répondis que le galant homme faifoit oublier l'imprudence du jeune homme. Vous

ne connoiſſez pas toutes mes fautes, reprit-
il; votre bonté vient de me pardonner un
crime : j'ai plus beſoin que jamais de cette
bonté , puiſque je me ſuis rendu coupable
d'une nouvelle offenſe. Il ſe tût après ces
mots, & quoique je l'entendiſſe, je lui répondis que je ne connoiſſois pas cette nouvelle offenſe dont il vouloit me parler. Celle
de vous adorer, me répliqua-t'il , en collant
un baiſer ſur ma main , que je n'eus pas la
force de retirer. Je lui fis connoître par mon
ſilence que ce nouveau crime n'étoit pas
inexcuſable; & dans la crainte de m'ouvrir
trop à une premiere entrevûe, je le quittai
charmée de l'aveu d'un amour que le mien
avoit déja prévenu.

J'étois perſuadée que ſi Verland étoit ſincere, il trouveroit facilement l'occaſion de
m'en donner de nouvelles aſſurances. Il pé-
nétra le motif de ma retraite, & n'affecta pas
de la troubler par une obſtination qui pourroit me déplaire : il me laiſſa partir en ſoû-
riant ; j'entendis ſes ſoupirs , & les miens
lui répondoient au fond de mon cœur.

Que te dirai-je? Une ſeconde entrevûe
lui valut l'aveu d'une tendreſſe réciproque,
& mon conſentement aux démarches, qu'il
me demanda la permiſſion de faire auprès
de ma mere , pour en obtenir ma main : elle
la refuſa, j'en fus au déſeſpoir; ſon refus
irri-

Irrita mon amour: Verland en étoit accablé. Nous nous étions ôté, par une démarche imprudente, toute espérance; &, pour
comble d'horreur, ma mere étoit devenue
ma rivale. Elle se trahit elle-même par les
éloges continuels qu'elle faisoit de Verland.
Le caractere de dévote qu'il falloit soutenir,
m'ôtoit la liberté de lui demander la raison
du refus qu'elle avoit fait d'un homme à qui
elle trouvoit tant de perfections; ainsi, triste
victime de la dévotion & de l'amour, j'étois
réduite à la dure nécessité de dévorer ma douleur, & de ne laisser paroître sur mon visage
qu'une indifférence qui rendoit mes peines
plus cruelles. Je n'y pus pas résister; j'étois
furieuse contre ma mere, j'étois furieuse contre moi-même; mon amour étoit devenu capable de tout entreprendre. On ne me soup-
çonnoit pas de voir Verland, & je le voyois
tous les jours: je ne pouvois plus vivre sans
lui, il ne pouvoit plus vivre sans moi. Croi-
ras-tu que jusqu'alors j'eus assez de pouvoir
sur moi-même pour ne pas céder à ses instances, & pour rejetter (quoique ce fût le
but de tous mes desirs) le seul moyen de mettre ma mere à la raison? Mais attendrie par
les larmes de mon amant, pressée par mon
amour, vaincue par mon penchant, je prêtai
l'oreille à la proposition qu'il me fit de m'en-

Kk

lever : nous convînmes du jour, de l'heure, & des moyens.

La violence de mon amour ne me laiſſoit voir que les plaiſirs que je goûterois avec mon amant : l'antre le plus affreux me paroiſſoit un lieu enchanté, pourvû que j'y fuſſe avec lui. Le jour arriva, je me diſpoſois à m'aller jetter dans ſes bras, j'allois ſortir, un bras inviſible m'arrêta : ma paſſion avoit jonché de fleurs la route du précipice où j'allois m'abîmer ; mais quand je fus arrivée ſur le bord, quand j'eus porté les yeux ſur ſa profondeur, elle m'effraya, je reculai : étonnée, & rougiſſant de mon peu de courage, je voulus vaincre ma timidité, je voulus étouffer ma raiſon ; elle triompha, je cédai, je rentrai, mes larmes coulerent alors en abondance : indignée de ma lâcheté, je faiſois de nouveaux efforts, je m'encourageois, & je m'effrayois ; mon ame étoit dans un accablement qui ne peut être comparé qu'à celui que j'éprouvai hier. Cependant l'heure avançoit, il falloit me déterminer : quel parti prendre ? Hélas ! j'étois dans un déſeſpoir ſtupide, qui m'òtoit juſqu'à la liberté de penſer. Un rayon de lumiere m'éclaira dans le moment, & me rendit toute ma tranquillité ; je vis un moyen d'être à mon amant, & de tirer de ma mere une ven-

geance qui ne laifferoit rien à défirer à mon
cœur. Hélas ! à quoi m'a fervi tant de prudence? A me plonger dans l'abîme où je craignois de tomber. Peut-être aurois-je été plus
heureufe dans une terre étrangere, où, toute
à moi-même, n'ayant pour guide que mon
cœur, pour principe que mon amour pour
un mari qui m'auroit adorée, je n'aurois pas
connu la contrainte, je n'aurois pas été ef-
clave de ces apparences qui m'ont perdue!
Mais pourquoi m'abufer? J'aurois porté dans
un climat étranger le même cœur, la même
fureur pour l'amour; & ce caractere m'y auroit perdue, comme il l'a fait ici.

Je fis à Verland le figne dont nous étions
convenus, en cas que je ne puffe pas exécuter le projet. Je remis à la premiere entrevue à l'informer de mes raifons, & cette entrevue ne fut différée que jufqu'au lendemain. Nous nous trouvâmes à l'églife : il
m'aborda fans pouvoir me dire un mot, mais
fon vifage exprimoit tout ce qu'il fentoit;
j'en fus effrayée: M'aimez-vous, lui dis-je?
Si je vous aime! me répondit-il avec un tranfport de défefpoir qui l'empêcha d'en dire davantage. Verland, repris-je, mon cher Verland, je lis votre douleur dans vos yeux, mon
cœur en eft lui-même déchiré; plaignez-moi,
plaignez-vous d'un défaut de courage, qui
nous arrachetoit pour toujours à notre paf-

fion, fi le défefpoir ne m'avoit fait trouver
un moyen de nous conferver l'un à l'autre.
Quand je vous demande fi vous m'aimez, ce
n'eft pas que je doute de votre amour ; mais
je tremble que vous ne vouliez pas m'en
donner la feule preuve qui puiffe m'en affu-
rer. Arrêtez, lui dis-je, voyant qu'il vouloit
parler, vous voulez me faire des reproches,
vous ne m'en feriez que d'injuftes ; je vous
le répéte, je ne doute pas de votre amour ;
vous ne doutez pas du mien : mais, hélas !
de quoi nous fervira-t-il de brûler d'une
flamme inutile, puifque qu'une mere cruelle
nous refufe la fatisfaction que nous lui de-
mandons ? Ah, Verland ! le rouge qui me
couvre le vifage, ne vous dit-il pas quel eft
le moyen que je prétends employer ? Chere
Monique, me dit-il, en me ferrant tendrement le bras contre fa bouche, ton amour
te fait-il enfin fentir la néceffité d'une chofe
que j'ai propofée tant de fois inutilement ?
Oui, lui répondis-je, votre amour n'aura
plus de plaintes à me faire, il n'eft plus tems
de vous déguifer la force de mes defirs, ils
font à leur comble : mais pour nous rendre
heureux, je n'attends qu'un mot de votre
bouche. Parlez, interrompit-il vivement,
que faut-il faire ? Epoufer ma mere, lui répondis-je. La furprife lui coupa la parole, il
me regardoit avec des yeux égarés : Epoufer

votre mere, me dit-il enfin! Monique, que me proposez-vous? Une chose, lui répondis-je, irritée de son étonnement, dont je suis au désespoir de vous avoir parlé. Je vois par la froideur avec laquelle vous recevez une proposition qui m'a coûté des torrens de larmes, ce que je dois penser de votre amour: votre indifférence m'éclaire sur l'indignité de ma passion. Ciel! ai-je pû concevoir de pareils sentimens pour un homme que sa lâcheté en rend indigne. Monique, reprit-il tristement, ma chere Monique, prends pitié de ton amant: à quoi veux-tu le réduire? Ingrat, lui répondis-je, quand j'ose surmonter l'horreur que m'inspire la pensée de te voir dans les bras de ma rivale, quand pour tromper une mere barbare, pour me livrer à tes desirs avec plus de facilité, pour jouir continuellement du plaisir de te voir, pour recevoir à tous momens tes caresses, je sacrifie ma gloire, j'immole à ton bonheur ce que j'ai de plus cher, je suis insensible aux fureurs de la jalousie, j'étouffe le remords de mon cœur, tu trembles : ai-je plus de force que toi? Non, mais tu n'as pas tant d'amour. C'en est fait, me dit-il alors, tu triomphes, j'ai honte de mon irrésolution, les remords ne sont pas faits pour des cœurs aussi passionnés que les nôtres.

Charmée de son courage, je ne dûs qu'au

lieu feul où nous étions, & à la crainte d'ê-
tre furprife, la force de lui refufer un témoignage de ma reconnoiffance, que je ne
remis qu'au jour de fon mariage; peut-être
n'aurois-je pas eu la force de l'attendre, fi
l'impatience de ma mere n'eût pas été auffi
vive que la mienne. Verland lui avoit offert fes vœux : ravie d'une conquête qu'elle
croyoit ne devoir qu'à fes charmes, elle fe
hâta d'en recueillir les fruits : ils n'étoient
pas faits pour elle. Le mariage fe célébra:
la joie que j'en témoignai, m'attira de ma
mere mille careffes, que je payai par d'autres qui étoient moins finceres. Mon cœur
s'enivroit d'avance des plaifirs de l'amour
& de la vengeance. Verland parut, il étoit
adorable, mille graces nouvelles animoient
toutes fes actions : le moindre fourire m'enchantoit, les paroles les plus indifférentes
m'enflammoient ; à peine pouvois-je conte-
nir les defirs qui m'entraînoient dans fes
bras. Au milieu du tumulte, il trouva moyen
de s'approcher de moi, & de me dire: J'ai
tout fait pour l'Amour, ne fera-t-il rien pour
moi? Un coup d'œil fut ma réponfe. Je fortis
de la falle ; il s'échappa : tout favorifoit notre fuite. J'entre dans ma chambre, il m'y
fuit, je m'élance fur mon lit, il fe précipite
fur moi. Ma voix s'affoiblit, l'expreffion me
manque, les peintures fe refufent à mon

imagination : difpenfe - moi de te faire le récit des plaifirs que je goûtai ; un mot fuffit pour te les faire connoître : toi feul, cher Pere, toi feul as été plus loin. O ma mere ! m'écriai-je au milieu de nos tranfports, que ton injuftice va te coûter cher !

Mon amant étoit un prodige, une heure que nous reftâmes enfemble ne vit pas un moment d'intervalle. En vain les forces lui manquoient ; femblable à Anthée, qui luttant avec Hercule, ne faifoit que toucher la terre pour réparer les fiennes, mon amant me touchoit, & revenoit à la charge avec plus de vigueur.

On nous cherchoit déja depuis long-tems : on étoit même venu frapper à ma porte. Il fallut nous féparer, de peur de nous rendre fufpects. Verland fe gliffa dans le jardin, & fit femblant de dormir fur le gazon, où on le trouva, comme il l'avoit prévu. On lui fit la guerre, on le railla : un feint étourdiffement vint à fon fecours ; il dit, que pour ne point troubler les plaifirs, il s'étoit retiré fans parler : la fatigue de l'exercice qu'il venoit de faire, en lui donnant un air un peu abattu, aidoit à faire croire ce qu'il difoit.

Ne doutant pas que l'on ne vînt encore me chercher, & que fi on appercevoit quelque jour à ma porte, on ne manqueroit pas d'en profiter pour voir si j'étois dans ma chambre, je dérangeai la portiere qui bouchoit le trou de la serrure ; & entendant venir quelqu'un, je me mis à genoux à demi-prosternée vis-à-vis d'un crucifix. Cela fit l'effet que j'en avois espéré : on crut que la dissipation des plaisirs n'avoit pas été capable de déranger mes exercices de piété ordinaires ; on en conçût une nouvelle estime, j'ose dire, une espece de vénération pour moi. Enfin, assez remise de mes travaux amoureux pour ne donner aucun soupçon, je fus rejoindre la compagnie, & j'affectai de me prêter par complaisance à des divertissemens dont le plus doux avoit déja été pour moi.

Dès que j'eus formé le projet de marier ma mere avec mon amant, je m'appliquai à disposer tout pour nous faciliter les moyens de nous voir ; & pour prévenir toute surprise lorsque nous serions ensemble, j'affectai un redoublement de dévotion, & de ne vouloir pas être interrompue dans mes exercices. J'accoutumai tout le monde à ne point frapper à ma porte, dès que la clef n'y étoit pas. Verland de son côté accoutuma ma mere à ne le pas voir fort assidu auprès d'elle : il prétextoit des affaires, & se couloit dans ma chambre. Nos plaisirs, enfans de la contrainte & du mystere, ne se sen-

toient

tòient pas encore après un an des dégoûts, fruits ordinaires de la liberté ; je les aurois crus éternels, j'aurois juré que tous les hommes ensemble n'y pouvoient rien ajouter : un moment me détrompa.

Je rencontrai un jour une jeune personne que j'avois connue autrefois ; je lui demandai ce qu'elle faisoit en cette ville, elle me dit qu'elle n'y étoit attachée à personne : je la pris à mon service en qualité de femme de chambre. Mais, cher Pere, est-ce avec toi que je dois feindre ? Je me reproche déja cette dissimulation : apprends que cette prétendue femme de chambre n'étoit autre que Martin, dont ta sœur a dû te parler en te contant mon histoire.

Je ne l'avois pas vû depuis notre séparation : il étoit encore aussi joli, aussi aimable, son menton étoit à peine couvert de quelques petits poils follets blonds, que j'avois grand soin de lui couper exactement. Martin étoit une jolie fille aux yeux de tout le monde, & ce n'étoit que pour moi qu'il étoit un homme d'un prix inestimable.

Je n'avois pas fait mystere à Martin de mon intrigue avec Verland. Trop heureux de me posséder, il ne s'embarrassoit pas de partager ma possession avec un second : j'étois charmée de sa docilité, je l'étois encore plus de sa vigueur. J'avois arrangé sa-

gement mes plaifirs ; Verland avoit le jour,
& Martin la nuit : ainfi les jours fe levoient
pour moi fereins & délicieux , & ils ne dif-
paroiffoient que pour faire place à des nuits
auffi voluptueufes. Jamais mortelle n'a joui
d'une félicité plus parfaite ; mais le fort des
plaifirs eft d'être de peu de durée , & leur
mefure eft celle des tourmens dont leur perte
vous accable.

Martin , comme je te l'ai dit , pouvoit
paffer pour une fille jolie fous fon habillement. L'ingrat Verland : hélas ! pourquoi
le traiter d'ingrat, n'étois-je pas moi-même
la premiere coupable , & fi mon inconftance
étoit inconnue , mon cœur en étoit-il moins
criminel ? Verland trouva des charmes à
ma prétendue femme de chambre , & négli-
gea fa maîtreffe. Dédommagée par les plaifirs de la nuit, je ne m'étois pas encore apperçue du vuide que l'indifférence de Verland commençoit à mettre dans ceux du
jour. Mes jeûnes fe multiplioient infenfiblement ; Verland poffédoit fi bien l'art de
me perfuader, que je me croyois trop heureufe qu'il voulût bien m'alléguer des motifs de fon abfence : je voulois quelquefois
le gronder ; il paroiffoit , un foûrire , un
baifer , une careffe , faifoient évanouir ma
colere. Un jour de repos me le rendoit
plus vigoureux ; il en vint jufqu'à me faire

croire que l'intérêt de notre plaisir rendoit ses absences nécessaires : j'y consentis, & l'infatigable Martin remplissoit ces jours de relâche.

Hier, jour infortuné, & dont je ne dois me souvenir que pour le détester ; hier étoit un jour de repos pour Verland. Renfermée seule avec Martin, & n'ayant pour témoin que l'Amour, nous n'écoutions que ses conseils : j'étois couchée sur mon lit, la gorge nue, les jupes levées, & les cuisses écartées, j'attendois que Martin reprit ses forces. Il étoit nud, & pressant ma cuisse droite entre ses cuisses, me tenoit d'une main les tetons, & de l'autre caressoit ma cuisse gauche. Tandis que ses yeux & sa bouche cherchoient à rallumer son ardeur, Verland, que nous n'attendions pas, entra, & nous surprit dans cette attitude. Il eut le tems de fermer la porte, & d'accourir à nous avant que la frayeur nous eût permis de changer de posture. Monique, me dit-il, je ne blâme pas tes plaisirs, mais tu dois avoir la même complaisance pour moi : j'aime Javote (c'étoit le nom que Martin avoit pris), je me sens des forces suffisantes pour vous contenter toutes deux. Dans le moment il veut embrasser Martin, il le tire de mes bras, il porte la main, & trouve... quelle surprise ! Sans lâcher Martin, il me jette un regard d'indignation, il n'ose faire éclater contre moi sa colere; mais tout le poids en retombe sur la cause innocente. Son amour venoit de se tourner en rage, il frappoit impitoyablement le malheureux Martin, & c'étoit moi qu'il frappoit dans l'endroit le plus sensible.

Je me jette entre ces deux rivaux. Arrêtez, dis-je à Verland en l'embrassant, mon cher Verland, respectez sa jeunesse, au nom de notre amour, au nom de nos transports! Verland, ayez pitié de sa foiblesse, soyez sensible à mes larmes! Il s'arrête: mais Martin, qui avoit eu le tems de se reconnoître, étoit devenu furieux à son tour: il se saisit de l'épée de Verland, il s'élance sur lui. Je fuis à cette vûe, je me sauve par un escalier dérobé, j'accours ici: tu sçais le reste.

Monique ne put achever sans verser un torrent de larmes. Hélas! s'écria-t'elle, à quel sort dois-je m'attendre? Au plus heureux, lui dis-je; rassure-toi, chere Monique, ce qui fait couler tes pleurs est peut-être sans objet: si c'est la perte de tes plaisirs, des plaisirs plus grands la répareront bientôt. J'avois reconnu l'impossibilité de la garder plus long-tems dans ma chambre sans être découvert; si je l'eusse été, j'avois tout à craindre. Je crus qu'il n'y avoit de

meilleur parti à prendre que celui de la préfenter à la pifcine ; & fans entrer dans aucun détail avec elle, je voulois la furpren-
dre agréablement. Je ne craignois pas de
lui promettre trop en l'affurant que les plaifirs qu'elle avoit eus jufqu'alors, n'étoient
qu'une foible peinture de ceux qui lui étoient
réfervés. Un femblable endroit devoit être
un féjour divin pour un tempérament tel
que le fien. Cher ami, me dit-elle en m'embraffant, ne m'abandonne pas, dis-moi fi je
peux me flatter de refter avec toi? Ton con-
fentement ou ton refus vont décider mon
fort : fi je te perds, je fuis éternellement
malheureufe. Je l'affurai que nous ne nous
quitterions jamais. Je n'ai plus, reprit-elle,
qu'une inquiétude: pardonne ce dernier effort à un amour dont tu vas devenir l'unique objet. Je fentis ce qu'elle n'ofoit m'a-
vouer : je lui offris d'aller m'inftruire du
fort de fes amans, & de l'effet que fa fuite
avoit produit. Elle m'en remercia : je la laiffai dans ma chambre, & je fortis en lui promettant de revenir au plutôt.

Je courus la ville, je m'informai par-tout
de ce qu'il pouvoit y avoir de nouveau. J'allai jufques dans le voifinage de Verland,
rien n'avoit tranfpiré, & je jugeai que tout
le défordre s'étoit borné à la fuite de Monique, dont on avoit prudemment dérobé

la connoiſſance au public. Je revenois annoncer cette nouvelle à ma dévote ; j'allois
rentrer, quand j'apperçus un domeſtique du
couvent qui accourut à moi, & me dit que
le Révérend Pere André lui avoit ordonné
de m'attendre, de me rendre une Lettre &
un petit ſac d'argent, où je trouvai environ
vingt piſtoles. Je crus que ce Pere vouloit
me charger de quelque commiſſion dont la
Lettre alloit apparemment m'inſtruire ; je
l'ouvre, & j'y trouve ces paroles :

*Vous vous êtes trahi par les précautions
que vous avez priſes pour vous cacher ; on
vous a ſoupçonné, on a ouvert la porte de
votre chambre, on a découvert le tréſor dont
vous ne vouliez pas faire part à vos Freres,
on s'en eſt ſaiſi, on a mis cette perſonne à la
piſcine. Vous connoiſſez le génie des Moines,
fuyez, Pere Saturnin, fuyez, dérobez-vous
aux horreurs d'une priſon qui ne finiroit peut-
être qu'avec votre vie.*

L. P. ANDRÉ.

La foudre, en tombant à mes pieds, m'a-
voit moins étonné que la lecture de cette
Lettre. Un accablement mortel m'ôta tout-
à-coup le ſentiment : je ne revins que pour
ſentir la peſanteur du coup dont j'étois frappé. O ciel, m'écriai-je, que devenir ! dois-
je aller m'expoſer à la vengeance d'une trou-

pe de barbares ? Fuirai-je ? Malheureux,
j'héfite ! Ah, fuyons ! Mais où fuir ? où fe
fauver de leur fureur ? Dans le moment la
maifon d'Ambroife s'offrit à mon efprit
éperdu, comme l'afyle le plus fûr contre la
crainte préfente : je pris une réfolution courageufe. Trop heureux que la générofité du
Pere André me mît à portée de me dérober
au reffentiment des Moines !

Ce ne fut pas fans verfer des larmes de
douleur, que je fortis d'une ville où je laif-
fois mon repos, mes plaifirs & mon bonheur. Je pleurai la perte de Monique ; mais
fon fort effuya mes larmes. Déchiré par mes
remords, abattu par mon défefpoir, j'arrivai chez Ambroife ; je n'y trouvai que Toinette, je lui contai mon malheur, elle en
fut attendrie, j'en reçus tous les fecours que
fon état lui permettoit de me donner : elle
me couvrit d'un des habits d'Ambroife, &
je réfolus de partir le lendemain pour Paris, flatté de l'efpérance d'y trouver un état
qui pourroit me dédommager de la perte
de celui que je venois de quitter.

Je partis après avoir fecoué, comme les
Apôtres, la pouffiere de mes fouliers fur mon
ingrate patrie ; & marchant à pied, un bâton blanc à la main, & prefque toujours de
nuit, pour dérober ma route, j'arrivai enfin dans cette capitale de la France.

Je crus pouvoir braver alors la fureur monacale : le prefent que le pere André m'avoit fait, & ce que j'avois reçu de Toinette, pouvoient me conduire pendant quelque tems. Mon deffein étoit de chercher d'abord un pofte de Précepteur, en attendant que la fortune voulût m'en procurer un meilleur. Quelques connoiffances que j'avois à Paris, auroient pu m'y fervir ; mais il étoit dangereux de les employer.

Moyennant un retour raifonnable, j'avois troqué à la friperie mon habit de païfan contre un plus honnête. Heureux, fi en quittant le froc, j'avois auffi quitté les inclinations qui le dominent. Le noir chagrin qui me dévoroit, me faifoit croire que j'étois venu à bout de déraciner cette mauvaife tige, ou que j'en triompherois aifément. Je l'avois même juré : je voulois m'enchaîner par un ferment, moi que les liens les plus refpectables n'avoient pu retenir : que l'homme eft foible !

Aujourd'hui dans un cafque, & demain dans
un froc,
Il tourne au moindre vent, & tombe au pre-
mier choc.

Je tombai, le choc ne fut pas bien violent, puifque ce ne fut qu'un coup de coude
qu'une

qu'une coquine me donna, en me difant :
Monfieur l'Abbé, voulez-vous payer une fa-
lade ? Plutôt deux, répondis-je, emporté par
un mouvement naturel. La réflexion vint
auffi-tôt à mon fecours, mais trop tard : j'é-
tois trop engagé pour reculer.

Nous entrâmes dans une allée obfcure &
étroite, & je penfai mille fois me rompre le
col dans un efcalier tortueux, dont les marches gliffantes & inégales me faifoient tré-
bucher à chaque pas. Ma donzelle me tenoit par la main : j'avouerai que ne m'étant
jamais trouvé en pareil cas, je ne pouvois
me défendre d'un certain effroi qui parut
de bon augure à ma conductrice : elle en auroit ri, fi elle eût connu ma qualité. Nous
arrivâmes enfin avec bien de la peine à la
porte du temple ; nous frappâmes : une vieille, plus vieille que la Sibylle de Cumes, vint
ouvrir ; en entrebaillant la porte : Mon petit
Roi, me dit-elle, il y a du monde, attends
un moment, monte plus haut. Monter plus
haut étoit bien difficile, à moins que de vouloir monter au ciel. Une porte fe préfenta
fous ma main, elle s'ouvrit d'elle-même :
j'allois me retirer dans la crainte de trouver
quelqu'un, & de faire foupçonner ma pro-
bité : l'odeur me raffura.

Abandonné à moi-même dans un endroit
affreux, au bout du monde, dans un pays

perdu, avec des gens inconnus, je me fentis faifir d'une horreur fubite. Le danger que je courois s'offrit à mes yeux : profitons, dis-je en moi-même, de ce moment de clarté, fauvons-nous. Quelque chofe de plus puif-fant que la réflexion m'arrêta ; il fembloit qu'une mer immenfe fe préfentât à mes yeux, & m'empêchât de gagner le rivage : je m'é-lançois, & je me retenois auffi-tôt. Le Ciel a-t-il gravé dans nos cœurs des preffenti-mens de ce qui doit nous arriver ? Oui, fans doute, & je l'éprouvois. Dans le moment on ouvre la porte fatale, on m'appelle, je def-cends : infortuné, je courois à ma perte ; mais quelle joie délicieufe devoit la précéder !

J'entre d'un air timide à la lueur trem-blante d'une lampe : je vais m'affeoir, fans parler, fur une chaife ; j'appuie le coude fur une table mal affurée ; je me couvre les yeux avec la main, comme fi j'euffe voulu me dé-rober aux réflexions qui venoient en foule m'affaillir. Une quêteufe infernale s'avance : je lui donne le premier argent qui me tombe fous la main ; elle me remercie d'une géné-rofité fi peu commune. Sans faire attention à fes difcours, je ne m'occupois que de ma douleur. Un maintien auffi trifte dans le tem-ple de la Joie, en fuprit les Prêtreffes : la vieille Sibylle s'approche de moi pour m'en demander le fujet ; je la repouffe brutalement, elle s'en plaint : Laiſſez, Madame, lui dit la plus jeune, on peut avoir du chagrin.

Le ſon d'une voix qui ne m'étoit pas inconnue, alla juſqu'à mon cœur, un tremblement ſubit s'empare de tout mon corps, je crains de me livrer à la douce eſpérance qui me flatte, je crains que l'illuſion ne ſe diſſipe, je crains de porter les yeux vers l'endroit d'où vient de partir cette chere voix : je les ferme, je ne veux m'occuper que des mouvemens qu'elle vient de réveiller ; mais bientôt je me reproche mon indifférence, je veux m'éclairer, je r'ouvre les yeux, je me leve, je m'approche : Dieux, c'étoit Suzon ! Ses traits, quoique changés par l'âge, étoient trop bien imprimés dans mon cœur pour les méconnoître. Je tombe dans ſes bras ſans avoir la force de parler, mes yeux ſe rempliſſent de larmes, mon ame eſt ſur mes levres, prête à s'envoler ſur celles de Suzon, qui veut ſe débarraſſer : Chere ſœur, lui dis-je d'une voix altérée, tu ne reconnois plus ton frere ? Elle jette un cri, & tombe évanouie.

La vieille étonnée, accourt, & veut ſecourir Suzon : je la repouſſe, je colle mes levres ſur les levres de ma chere ſœur, je ne veux que le feu de mes baiſers pour lui rendre la chaleur ; je la preſſe contre mon ſein, j'arroſe ſon viſage de mes larmes : elle

Mm 2

ouvre des yeux humides de pleurs. Laiſſe-moi, Saturnin, me dit-elle, laiſſe une malheureuſe ! Chere ſœur, m'écriai-je, la vûe de Saturnin t'inſpire-t-elle de l'horreur ? Tu lui refuſe tes baiſers, tu lui refuſe tes careſſes. Senſible à mes reproches, elle donna les marques les plus vives de ſa joie : la gaieté reparut ſur ſon viſage ; elle ſe répandit juſques ſur la vieille, à qui je donnai de nouvel argent pour nous apprêter à ſouper. J'aurois donné tout : je retrouvois Suzon, n'étois-je pas aſſez riche ?

On préparoit le ſouper : je tenois toujours Suzon dans mes bras. Nous n'avions pas encore eu la force d'ouvrir la bouche pour nous demander quelles aventures pouvoient nous raſſembler ſi loin de notre patrie : nous nous regardions, nos yeux étoient les ſeuls interprêtes de nos ames, ils verſoient des larmes de joie & de triſteſſe ; nous n'étions occupés que de ces deux paſſions : notre cœur étoit ſi rempli, notre eſprit ſi occupé, que notre langue étoit comme liée : nous ſoupirions ; ſi nous ouvrions quelquefois la bouche, nous ne prononcions que des paroles ſans ſuite, tout nous ramenoit à la réflexion du bonheur d'être enſemble.

Je rompis enfin le ſilence : Suzon, m'écriai-je, ma chere Suzon, c'eſt toi que je retrouve : par quel heureux hazard m'es-tu

rendue ? Mais dans quel lieu ! Ah ! ciel ! Tu
vois, me répondit-elle avec un visage accablé, une fille malheureuse qui a éprouvé toutes les alternatives de la fortune. Presque
toujours l'objet de sa fureur, & forcée de
languir dans un libertinage que sa raison
condamne, que son cœur déteste ; mais que
la nécessité lui rend indispensable. Je vois
que ton impatience ne te permet pas d'attendre plus long-tems le récit de mes malheurs : puis - je donner un autre nom à la
vie que j'ai menée depuis que je t'ai perdu? Moins sensible à la honte de te révéler mes déréglemens, qu'au plaisir de répandre ma douleur dans ton sein, je vais te
faire un aveu sincere de mes peines : te le
dirai-je, c'est toi qui les a causées ; mais
mon cœur étoit de moitié, ou plutôt lui
seul a tout fait, lui seul a creusé l'abysme où
je suis plongée. Je t'ai toujours aimé : te
souviens-tu encore de ces tems heureux où
tu me faisois une peinture si naïve de ta passion naissante ? Je t'adorois dès ce tems-là:
quand je te racontois les aventures de Monique, quand je te découvrois nos mysteres
les plus cachés, je voulois t'enflammer, je
voulois t'instruire, je voyois avec plaisir
l'effet de mes discours : j'ai été témoin de tes
transports avec Madame Dinville, les caresses que tu lui faisois étoient autant de

coups de poignard que tu portois à Suzon. Quand je t'entraînai dans ma chambre, j'étois dévorée par un feu que tu ne pouvois plus éteindre ; c'eſt ici l'époque de mes infortunes.

Tu as toujours ignoré la cauſe de ce bruit affreux que nous entendîmes : c'étoit l'Abbé Fillot, ce ſcélérat vomi par les enfers, pour faire le ſupplice de mes jours. Il avoit conçu pour moi un amour qu'il vouloit ſatisfaire à quelque prix que ce fût : il avoit choiſi la nuit pour l'exécution de ſon deſſein ; il s'étoit caché dans la ruelle du lit, il profita de ta fuite pour venir ſe mettre à ta place. Hélas ! il eut bon tems d'une malheureuſe que la frayeur avoit fait évanouir ; il fit ce qu'il voulut. Ranimée par le plaiſir, & trompée par ma paſſion, je crus le recevoir de mon cher Saturnin : je comblai de plaiſirs un monſtre que j'accablai de reproches quand je le reconnus. Il voulut m'appaiſer par ſes careſſes, je le repouſſai avec horreur : il me menaça de révéler à Madame Dinville ce que j'avois fait avec toi. L'indigne employoit contre moi les mêmes armes dont je pouvois me ſervir contre lui ; il obtint par ſes menaces, ce que j'avois refuſé à ſes tranſports. Ainſi j'accordois tout à un homme que je déteſtois, & la fortune arrachoit de mes bras celui que j'adorois.

Je ne fus pas long-tems ſans ſentir les fruits amers de mon imprudence : je cachai ma honte auſſi long-tems que je le pus ; mais je me ſerois trahie par un ſilence trop obſti-né. J'avois chaſſé l'Abbé Fillot ; il ſe con-ſoloit dans les bras de Madame Dinville. La néceſſité me le fit rappeller : je lui décou-vris mon état, il feignit d'y être ſenſible, il m'offrit de m'emmener avec lui à Paris ; il ne manqua pas de me dire qu'il m'y feroit le ſort le plus heureux ; il ajouta qu'il ne de-mandoit, pour prix de ſes ſervices, que de vouloir ſouffrir qu'il me les rendît. Je ne voulois qu'être en un lieu où je puſſe me dé-livrer de mon fardeau, comptant bien ne me ſervir enſuite de ſon crédit que pour me placer auprès de quelque Dame. Je me laiſ-ſai gagner par ſes promeſſes ; je conſentis de le ſuivre, & je partis avec lui ſous le dégui-ſement d'Abbé.

Les attentions qu'il eut pour moi ſur la route ne me firent pas repentir de ma con-fiance ; mais que le traître cachoit la ſcélé-rateſſe de ſon cœur ſous des apparences bien trompeuſes ! Les ſecouſſes du caroſſe avoient trompé mon calcul, & je mis au monde, à une lieue de Paris, le gage odieux de l'a-mour d'un miſérable. Tout le monde crioit au prodige & rioit. Mon indigne compa-gnon de voyage diſparut auſſi-tôt, & m'abandonna à mes douleurs & à ma mifere: une Dame plus compatiffante que lui eut pitié de mon état; elle prit un caroffe, m'emmena à Paris, & me mit à l'Hôtel-Dieu. Elle me tira des bras de la mort; mais ce fut pour me laiffer dans ceux de l'indigence. Je ne l'aurois fentie que trop tôt, fi je n'euffe lié connoiffance avec une fille, que les hazards du même métier que celui que je fais aujourd'hui, avoient rendue compagne de mon fort: la mifere me tint lieu de penchant.

N'en exige pas davantage: la vie de ta malheureufe Suzon n'a plus été qu'un enchaînement de plaifirs & de chagrins, ou plutôt que des chagrins continuels. Si le plaifir s'eft fait fentir quelquefois à mon cœur, il n'a fait que colorer le fond de trifteffe qui le rongeoit: ceffera-t-elle cette trifteffe? Ah! puifque je te retrouve, je ne dois plus me plaindre. Mais toi, mon cher frere, ne me fais pas languir: Es-tu forti de ton couvent? Quel hazard te conduit à Paris? Un malheur femblable au tien, lui répondis-je, & que m'a caufé ta meilleure amie. Ma meilleure amie, reprit-elle en foupirant; en ai-je encore dans le monde? Ah! ce ne peut être que la Sœur Monique! Elle-même, lui repliquai-je; mais ce récit nous tiendroit trop de tems: foupons.

Je fis à côté de Suzon le repas le plus délicieux

licieux de ma vie ; mais l'envie de me voir
feul avec elle, & de fon côté celle d'apprendre mes aventures, nous fit fortir promptement de table. Nous nous retirâmes dans
fa chambre, où, fans témoin, fur un lit, digne meuble de l'endroit où nous étions, &
qui affurément n'avoit jamais fervi à deux
amans auffi tendres, tenant ma chere fœur
fur mes genoux, & mon vifage prefque toujours collé fur fon vifage, je lui racontai
ce qui m'étoit arrivé depuis ma fortie de
chez Ambroife.

Je ne fuis donc plus ta fœur, s'écria-
t'elle, quand j'eus fini. Ne regrette pas, lui
dis-je, une qualité que le fang donne, &
rarement le cœur : fi tu n'es plus ma fœur,
tu es toujours ma chere Suzon, tu es toujours l'idole de mon cœur. Chere ame, continuai-je en la preffant tendrement entre
mes bras, oublions nos malheurs, & commençons à compter notre vie du jour qui
nous a raffemblés. En lui difant ces mots,
j'appliquois des baifers ardens fur fa gorge ;
j'allois la renverfer, j'avois déja la main entre fes cuiffes. Arrête, me dit-elle en s'é-
chappant de mes bras ; arrête. Cruelle, m'é-
criai-je, quelles graces aurai-je donc à rendre à la fortune, fi tu rebutes les témoignages de mon amour ? Etouffe, me répondit-
elle, des defirs que je ne pourrois écouter

fans être criminelle : fais un effort fur ta paſſion, je t'en donne l'exemple. Ah! Suzon, lui répliquai-je, tu n'as gueres d'amour, ſi tu peux me conſeiller d'étouffer le mien! Et dans quelles circonſtances, quand rien ne s'oppoſe à notre bonheur? Rien ne s'oppoſe à notre bonheur, reprit-elle; ah! que ne dis-tu vrai! Dans le moment je vis des larmes couler fur ſon viſage : je la preſſai de m'en expliquer la cauſe. Voudrois-tu, me dit-elle, partager avec moi le triſte prix de mon libertinage? & quand tu le voudrois, aurois-je la cruauté d'y conſentir! Tu crois, lui répondis-je, m'arrêter par une raiſon auſſi foible : je partagerois la mort avec ma Suzon, & je craindrois de partager ſes malheurs! Sur le champ je la renverſe ſur le lit, & je me mets en état de lui prouver que je ne crains pas le danger. Ah! cher Saturnin, s'écrie-t'elle, tu vas te perdre! Je me perdrai, lui dis-je tranſporté d'amour; mais ce ſera dans tes bras. Elle céde, je pouſſe : qu'on me permette d'imiter ici ce ſage Grec, qui peignant le ſacrifice d'Iphigénie, après avoir épuiſé ſur le viſage des aſſiſtans tous les traits qui caractériſoient la douleur la plus profonde, couvrit celui d'Agamemnon d'un voile, laiſſant habilement aux ſpectateurs le plaiſir d'imaginer quels traits pouvoient caractériſer

le défefpoir d'un pere tendre qui voit répandre fon fang, qui voit immoler fa fille.
Je vous laiffe, cher Lecteur, le plaifir d'i-
maginer; mais c'eft à vous que je m'adreffe,
vous qui avez éprouvé les traverfes de l'a-
mour, & qui, après un long tems, avez vu
votre paffion couronnée par la jouiffance de
l'objet aimé. Rappellez-vous vos plaifirs,
pouffez votre imagination encore plus loin,
s'il eft poffible, elle demeurera toujours au-
deffous de mes délices. Mais quel démon,
jaloux de ma tranquillité, me préfente fans
ceffe un fouvenir que j'arrofe de larmes de
fang? Ah! finiffons, je fuccombe à ma douleur!

Le jour vint avant que nous nous fuffions
apperçus que la nuit avoit difparu. Dans
les bras de Suzon, que je n'avois pas quittée depuis que nous étions couchés, j'avois
oublié mes chagrins, j'avois oublié l'univers entier. Ne nous quittons jamais, mon
cher frere, me difoit-elle: où trouverois-tu
une fille plus tendre, où trouverois-je un
amant plus paffionné? Je lui jurois de vivre
toujours avec elle : je le lui jurois, hélas!
& nous allions nous quitter pour ne nous
jamais revoir. L'orage grondoit fur notre
tête, & le charme de l'illufion le déroboit
à nos yeux. Sauvez-vous, Suzon, vint nous
dire une fille épouvantée ; fauvez-vous,

fuyez par l'efcalier dérobé! Surpris, nous voulûmes nous lever: il n'étoit plus tems, un Archer féroce entroit au moment que nous nous levions. Suzon, tremblante & éperdue, fe jette dans mes bras; il l'en arrache, malgré mes efforts; il l'entraîne. O Dieux! Cette vûe me rendit furieux, la rage me prêta des forces, le défefpoir me rendit invincible; un chenet, dont je me faifis, devint dans mes mains une arme mortelle: Je m'élance fur l'Archer: arrête, malheureux Saturnin! Il n'eft plus tems, le coup eft porté, l'indigne ravifleur de Suzon tombe à mes pieds. On fe jette fur moi, je me défends, je fuccombe, je fuis pris. On me lie, à peine me laifle-t'on la liberté de prendre la moitié de mes habits. Adieu, Suzon, m'écriai-je en lui tendant les bras; adieu, ma chere fœur, adieu. On me traînoit inhumainement fur l'efcalier; la douleur que me caufoit les coups des marches contre lefquelles ma tête frappoit, me fit bientôt perdre connoiffance.

Dois-je finir ici le récit de mes malheureufes aventures? Ah! Lecteur, fi votre cœur eft fenfible à la compaflion, fufpendez votre curiofité; arrêtez-vous, contentez-vous de me plaindre: mais quoi, le fentiment de ma douleur prévaudra-t'il toujours fur celui de ma félicité? N'ai-je pas affez verfé de pleurs : je fuis dans le port, & je regrette encore les dangers du naufrage. Lifez, & vous allez voir les fuites effroyables du libertinage : heureux, fi vous ne le payez pas plus cher que moi !

Je ne revins de ma foibleffe que pour me voir dans un miférable lit, au milieu d'un hôpital. Je demandai où j'étois : A Biffêtre, me répondit-on. A Biffêtre, m'écriai-je ! Ciel, à Biffêtre ! La douleur me pétrifia, la fievre me faifit, & je n'en guéris que pour tomber dans une maladie bien plus cruelle : la vérole. Je reçus fans murmurer ce nouveau châtiment du Ciel. Suzon, me dis-je, je ne me plaindrois pas de mon fort, fi tu ne fouffrois pas le même malheur.

Mon mal devint infenfiblement fi violent, que pour le chaffer on eut recours aux plus violens remedes : on m'annonça qu'il falloit me réfoudre à fouffrir une petite opération. Il faut vous épargner ce fpectacle de douleur : que puis-je vous dire ? Je tombai dans une foibleffe que l'on prit pour le dernier moment de ma vie : que ne l'étoit-il, j'aurois été trop heureux ! La douleur qui m'avoit caufé mon évanouiffement, m'en retira. Je portai la main où je fentois la douleur la plus vive : Ah ! je ne fuis plus homme ! Je pouffai un cri qui fut entendu jufqu'aux extrémités de la maifon ; mais bien-

tôt revenant à moi-même, & tel que Job
ſur ſon fumier, pénétré de douleur, & ſou-
mis aux ordres du Ciel, je m'écriai dans l'a-
mertume de mon cœur : *Deus dederat, Deus
abſtulit.*

Je ne ſouhaitois plus que la mort : j'a-
vois perdu le pouvoir de jouir de la vie,
l'anéantiſſement étoit le but de tous mes deſirs. J'aurois voulu me cacher éternellement
ce que j'avois été, je ne pouvois penſer ſans
horreur à ce que j'étois. Le voilà donc,
diſois-je au fond de mon cœur, le voilà cet
infortuné Pere Saturnin, cet homme ſi chéri
des femmes, il n'eſt plus ; un coup cruel
vient de lui enlever la meilleure partie de
lui-même : j'étois un Héros, & je ne ſuis
plus qu'un.... Meurs, malheureux, meurs;
peux-tu ſurvivre à cette perte? tu n'es plus
qu'un Eunuque.

La mort fut ſourde à mes cris; ma ſanté
revint, je me rétablis : mais ma débilité fit
juger qu'on ne tireroit pas de moi les ſervices qu'on en avoit attendus, & auxquels
on m'avoit deſtiné : on me déclara que j'é-
tois libre. Je ſuis libre, répondis-je au Supérieur qui me l'annonçoit, hélas! à quoi
va me ſervir cette liberté que vous me donnez? Dans l'état cruel où je ſuis, c'eſt le
préſent le plus funeſte que vous puiſſiez me
faire. Mais, Monſieur, oſerai-je vous de-

mander le fort d'une jeune perfonne que l'on doit avoir amenée ici le même jour que moi? Il eft plus heureux que le vôtre, me répondit-il brufquement ; elle eft morte dans les remedes. Elle eft morte, repris-je, accablé de ce dernier coup, Suzon eft morte! Ah! Ciel! & je vis encore! J'aurois dans le moment terminé mes jours, fi l'on n'avoit arrêté l'effet de mon défefpoir. On me fauva de ma propre fureur, & l'on me mit dans le chemin de profiter de la permiffion que l'on venoit de me donner; c'eft-à-dire, à la porte.

Je reftai un moment anéanti : mes yeux feuls, en répandant des torrens de larmes, témoignoient que je vivois encore : j'étois au dernier dégré du défefpoir & de la rage. Couvert d'un malheureux habit, ayant à peine de quoi vivre un jour, ne fçachant où aller, je m'abandonnai dans les bras de la Providence. Je prenois le chemin de Paris, j'apperçus les murs des Chartreux : la profonde folitude qui y regne fit briller à mon efprit un trait de lumiere. Heureux mortels, m'écriai-je, qui vivez dans cette retraite à l'abri des fureurs de la fortune, vos cœurs purs & innocens ne connoiffent pas les horreurs qui déchirent le mien ! L'idée de leur félicité m'infpira le defir de la partager. J'allai me jetter aux pieds du Supérieur: je lui contai mes infortunes. O mon fils, me dit-il, en m'embraſſant avec bonté, louez Dieu, il vous réſervoit ce port après tant de naufrages : vivez-y, & vivez-y heureux, s'il eſt poſſible.

J'y reſtai pendant quelque tems ſans emploi ; mais bientôt on m'en donna : je montai par dégrés au poſte de Portier, & c'eſt ſous ce titre qu'on m'a connu.

C'eſt ici que mon cœur ſe fortifie dans la haine qu'il a conçue pour le monde : j'y attends la mort ſans la craindre ni la déſirer, & je prétends, que quand elle m'aura tiré du nombre des vivans, on grave en lettres d'or ſur mon tombeau :

Hic ſitus eſt DOM-BOUGRE,
futuatus, futuit.

F I N.